DEBUT D'UNE SERIE DE DOCUMENTS
EN COULEUR

UNIVERSITÉ DE FRANCE

ACADÉMIE DE CHAMBÉRY

RÉOUVERTURE SOLENNELLE

DES

COURS DE L'ÉCOLE PRÉPARATOIRE

A L'ENSEIGNEMENT SUPÉRIEUR

DES SCIENCES & DES LETTRES

DE CHAMBÉRY

Première Séance de rentrée.

CHAMBERY
IMPRIMERIE MÉNARD, RUE JUIVERIE, HOTEL D'ALLINGES
1879

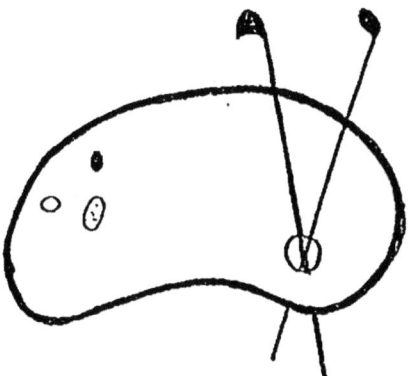

FIN D'UNE SERIE DE DOCUMENTS
EN COULEUR

UNIVERSITÉ DE FRANCE

ACADÉMIE DE CHAMBÉRY

RÉOUVERTURE SOLENNELLE

DES

COURS DE L'ÉCOLE PRÉPARATOIRE

À L'ENSEIGNEMENT SUPÉRIEUR

DES SCIENCES & DES LETTRES

DE CHAMBÉRY

Première Séance de rentrée.

CHAMBERY
IMPRIMERIE MÉNARD, RUE JUIVERIE, HOTEL D'ALLINGES

1879

UNIVERSITÉ DE FRANCE

ACADÉMIE DE CHAMBÉRY

RÉOUVERTURE SOLENNELLE

DES

COURS DE L'ÉCOLE PRÉPARATOIRE

A L'ENSEIGNEMENT SUPÉRIEUR

Des Sciences et des Lettres de Chambéry.

PREMIÈRE SÉANCE DE RENTRÉE

La réouverture solennelle des cours de l'Ecole Préparatoire à l'enseignement supérieur des sciences et des lettres de Chambéry a eu lieu, pour la première fois, le lundi 25 novembre 1878, à 8 heures du soir, dans la grande salle des cours, sous la présidence de M. Boissière, recteur de l'Académie, assisté de MM. les Inspecteurs d'Académie du ressort.

M. le Recteur, MM. les Inspecteurs d'Académie, M. le Directeur et MM. les Professeurs de l'Ecole Préparatoire, M. le Proviseur et MM. les Professeurs et Fonctionnaires du Lycée de Chambéry avaient pris place sur l'estrade.

Sur les siéges d'honneur on remarquait :

M. M' Roe, premier président de la Cour d'appel ;

M. Paul Fabre, préfet de la Savoie ;

M. Paul Moitessier, procureur général près la Cour d'appel ;

M. Charles Forest, vice-président, MM. Chevallay Bernardin, Félix Forest et Milan, membres du Conseil général ;

MM. Roissard, Bel et Longoz, maire et adjoints de la ville de Chambéry ;

M. Cazalis, secrétaire général de la préfecture ;

M. Coppier, président du tribunal civil ;

M. Finas-Duplan, procureur de la République ;

M. Emonet, commandant du bataillon de Chasseurs, et un certain nombre d'officiers ;

M. Méray, ingénieur en chef des ponts-et-chaussées ;

M. le docteur Jarrin et M. le conseiller Finet, membres du bureau d'administration du Lycée ;

M. Pillet, président de l'Académie de Savoie ;

Et beaucoup d'autres personnes notables de la ville de Chambéry.

M. le général Feillet-Pilatrie, retenu par son service, s'était excusé de ne pouvoir assister à la séance.

Une députation des élèves du Lycée de Chambéry et un assez grand nombre de dames occupaient les places qui leur avaient été réservées. Un auditoire très-nombreux et très sympathique remplissait le reste de la salle.

M. le Recteur déclare la séance ouverte et donne successivement la parole à M. Bianconi, directeur de l'Ecole, pour lire son rapport sur la situation générale de l'établissement ; puis à MM. les professeurs Souriau et Guillot, titulaires des chaires de littérature française et d'histoire et de géographie, qui exposent le sujet de leur cours.

Il prononce ensuite un discours, et termine la séance en annonçant que M. le Ministre de l'instruction publique a bien voulu, sur sa proposition, accorder les palmes d'Officier d'Académie à M. Hollande, docteur ès-sciences, professeur de chimie à l'Ecole Préparatoire.

La séance est levée à 10 heures.

Discours du Recteur

Messieurs,

Il m'a semblé que nous devions bien à votre vieille Ecole Marcoz, devenue, par une association avec l'Ecole Technique qui les a toutes deux rajeunies, l'Ecole préparatoire à l'enseignement supérieur des sciences et des lettres de Chambéry, — que nous lui devions, dis-je, cet honneur de lui donner à elle aussi sa fête et sa solennité.

L'Ecole primaire et le Lycée n'ont-ils pas leur distribution des prix joyeuse et bruyante ? — Et je voudrais, aussi bien, que le Lycée reprît encore, par surcroît, cette brave et gaie coutume de la Saint-Charlemagne, la fête d'un bon saint, ce semble, celui-là, d'un saint bien universitaire; je voudrais que l'Ecole primaire inaugurât, en quelque jour d'été, sur quelque grande pelouse voisine à demi-ensoleillée, une de ces honnêtes et touchantes kermesses, si simples, si charmantes, populaires, patriarcales, tout égayées de danses, de jeux et de rires enfantins, où se complaisent nos fraternels voisins de Suisse.

Seule, notre École Supérieure commençait, chaque année, et terminait son excellente besogne à petit bruit et sur un léger signe qu'elle adressait discrètement à ses auditeurs familiers; en vérité, c'était à elle trop de modestie et trop d'austérité. Pourquoi donc, elle seulement, ne mettrait-elle pas en lumière et le talent de ses maîtres, et le champ de ses travaux, et cette organisation ingénieuse qui lui permet de satisfaire à la fois aux études désintéressées de la science pure et aux nécessités pratiques des arts, des métiers, de l'industrie locale? Pourquoi se défendrait-elle de quelque éclat et de quelque pompe, et ne recueillerait-elle pas publiquement les témoignages de son crédit, de son bon renom et de la faveur qui l'entoure?

Et ne craignons pas, Messieurs, qu'on nous accuse de prétendre à de trop grands airs et de contrefaire ambitieusement quelque Faculté plus titrée; nous n'avons point de ces outrecuidances et nous savons ce que nous sommes. D'autres ont des palais universitaires, des monuments académiques, de grandioses amphithéâtres, tout un monde de professeurs, tout un ensemble harmonieux de cours éloquents, de conférences savantes; mais, si humble d'aspect et si pauvre d'architecture que soit notre petit édifice, encore en trouve-t-on le chemin et en connaît-on les détours; mais nos maîtres se multiplient et se piquent de tenir bien plus que ne promet notre modeste affiche; mais nos programmes aussi se partagent en expositions théoriques et en exercices d'application, ceux-ci même quotidiens; mais nous avons enfin des auditeurs! Or pourquoi, à ces clients fidèles de nos premières, de nos dernières leçons, pourquoi ne point donner, chaque année, un rendez-vous de cérémonie, et ne pas nous mettre pour eux en frais d'une exceptionnelle éloquence? Votre Recteur sait mieux que personne qu'il n'a pas à se draper dans sa toge comme le recteur de Boileau; mais — et il aime à vous le dire — il se sent grandement honoré du cortége affectueux et confiant de ces hommes de devoir et de dévouement, de probité autant que de science qui le suivent.... non pas, qui l'accompagnent, et il est heureux, il est fier de se montrer au milieu d'eux; en avait-il une occasion et plus naturelle et meilleure? Nous avons donc paré de notre mieux ce sanctuaire assez délabré, en votre honneur, Mesdames, en votre honneur à vous aussi, Messieurs, et nous avons osé vous demander de vouloir bien venir aujourd'hui, un peu moins simplement que de coutume, donner cette gracieuse marque de votre sympathie au premier de nos établissements d'instruction publique, et, par-là même, car nos écoles sont sœurs et aiment à se tenir par la main, à toute l'Université Savoisienne.

Aussi bien, partout et toujours, dans ses humbles classes enfantines, dans les chaires savantes de ses lycées, dans les libres amphithéâtres de son enseignement supérieur, l'Université ne travaille et ne pense, elle ne parle et n'agit que portes et fenêtres grandes ouvertes, et parce qu'elle aime à puiser au dehors un air qui la vivifie, et parce que, n'ayant rien à cacher, elle ne redoute point les yeux ni les oreilles, et que tout témoin de sa vie laborieuse ne peut que déposer de l'honnêteté de ses moyens et de l'excellence de son œuvre. Or cette œuvre, Messieurs, quelle est-elle?

Parmi les maux dont souffrent ici-bas ceux qui y naissent déshérités, la pire, la plus rude, la plus douloureuse des pauvretés, c'est l'ignorance. Entre toutes les chances heureuses dont jouissent les favorisés, entre toutes ces prérogatives qu'ils réservaient jadis pour leurs enfants, la plus exorbitante — pensons-y bien, Messieurs, — la plus cruelle et la moins équitable, c'est le privilége de l'instruction. Niveler ces distinctions, détruire ce monopole des uns et délivrer les autres de l'envieuse et stupide ignorance, attaquer le fléau chez l'enfant, et cela, dès ses trois ou quatre ans, par cette institution bienfaisante et douce de nos asiles qui sont gratuits, par nos écoles qui peu à peu le deviennent ; munir ainsi tout homme, tout père, tout citoyen, pour la vie domestique et pour la vie sociale, des connaissances indispensables et de la moralité nécessaire ; même, par l'enseignement primaire supérieur qui s'organise, par ces écoles-ateliers qui, de Paris, gagneront la province, doter l'adolescent, l'apprenti d'un outillage intellectuel et professionnel plus savant et comme perfectionné, l'amener tout armé vers sa quinzième ou sa seizième année et tout prêt pour la vie militante ; — ouvrir de plus en plus grands nos lycées, nos colléges, déjà si accueillants et si hospitaliers ; résoudre de mieux en mieux ce problème d'une libérale et patriotique économie, à savoir — et je le dis bien haut, car rien ne nous est plus honorable, — de distribuer généreusement, prodigalement, au plus grand nombre et au meilleur marché qu'il soit possible...... quoi donc, Messieurs ? — la fleur des connaissances humaines et le meilleur du cœur humain ; faire de plus en plus de nos maisons ces admirables écoles d'égalité et de sens commun où travaillent et jouent côte à côte, où se confondent tous nos enfants, où le petit prolétaire boursier, lorsqu'il est le plus sage et le meilleur, est le champion acclamé de sa classe, l'orgueil de ses camarades et comme la couronne du lycée; préparer ainsi au pays des générations bien compactes d'hommes unis par les mêmes idées et par un même esprit, vivant des mêmes sentiments et du même cœur; — poursuivre enfin cette noble tâche, et comme achever cet ouvrage dans cette sphère plus élevée encore, plus reculée et plus auguste, celle de l'enseignement supérieur, rendue désormais accessible à ceux qui autrefois désespéraient de cette haute culture et de ce lent apprentissage; si bien que, ce tout petit enfant adopté par l'Université, qu'elle suit de ses yeux bienveillants depuis le jour où il a passé en chancelant le seuil de l'école maternelle, elle le tienne encore par la main, l'encourage et le réconforte jusqu'au jour redouté des graves examens, jusqu'aux heures décisives où s'ouvrent les glorieuses écoles, où se conquièrent les grades et les titres; faire en un mot de ce bien suprême et de ce levier tout-puissant — l'éducation et la science — le droit commun, la loi générale, le patrimoine et l'apanage de tous: voilà, Messieurs, ce que rêve, ce que veut l'Université.

Ce n'est pas tout: on lui reproche parfois de se complaire et de s'attarder aux choses passées, aux choses mortes; comme si ce n'était pas chose vivante, immortelle, que ces œuvres éternellement jeunes où deux grands peuples, nos devanciers, ces pères de nos arts et de nos sciences, de notre droit, de notre langue, ont exprimé à tout jamais les vérités impérissables de la raison et de l'âme humaines; comme si surtout, pour des hommes, le passé de l'humanité n'était qu'une façon de rêve léger, incertain et vide de sens, je ne sais quel passage d'ombres vaines : comme si ce n'était point, au contraire, une réalité présente, une saisissante résurrection ; comme s'il était indifférent, à moins de consentir à s'ignorer soi-même en ignorant le genre humain, de remonter jusqu'au premier éveil de la famille humaine, de la regarder s'ouvrant à ses premiers espoirs et comme d'espérer avec elle à travers les demi-lueurs et les naissantes clartés des civilisations de l'âge antique, de la suivre douloureusement dans cette crise obscure et ces souffrances désespérées du moyen-âge, puis de la sentir alors renaître, de la voir chercher virilement et retrouver ses titres perdus, de s'acheminer avec elle vers ces nobles points lumineux où se dirige le monde moderne, et d'entrevoir enfin pour elle l'aurore de la délivrance !

Ah ! n'ayez peur, Messieurs, si nous regardons en arrière, c'est pour mieux embrasser dans son immense parcours, pour mieux mesurer du point de départ au but, pour mieux reconnaître en quelque sorte cette carrière comme infinie, marquée des traces de nos aînés, où nous sommes entrés, où nous tomberons plus ou moins utilement, plus ou moins glorieusement à notre tour. Si nous étudions le passé, c'est pour lui demander des leçons sur le présent et des lumières sur l'avenir. Si nous essayons de faire revivre, devant les yeux de nos élèves, les hommes et les âges évanouis, ce n'est point par une curiosité désintéressée qui serait vaine, par une superstition aveugle qui serait ridicule, par je ne sais quel étrange dessein de façonner vos enfants, Messieurs, — vos enfants, cet espoir de demain, — d'après des modèles disparus, dont quelques-uns sont héroïques, mais dont les autres sont bar-

bares; non, ce n'est point, à Dieu ne plaise, pour faire d'eux des hommes d'autrefois ; c'est au contraire que, les enrichissant de ce trésor de l'expérience des siècles, de tant d'idées, de tant d'exemples, nous avons cette ambition qu'instruits, assagis, éclairés par les risques et les aventures courus à leur profit par leurs devanciers, ils soient des gens de leur temps et de leur pays, en un mot des hommes d'aujourd'hui !

Autrefois ! Aujourd'hui ! Vieille querelle inoffensive, quand elle n'agite innocemment que le domaine paisible des Muses; mais, lorsqu'elle tombe enflammée dans le monde violent et passionné de la politique et des faits, querelle grosse de malentendus et de dissentiments, de conflits et même de haines ! Envenimer ces désaccords, irriter ces mutuelles rancunes, raviver d'inutiles regrets, se cramponner désespérément à ce qui va sombrer pour toujours, et même, en haine du présent, se rejeter vers le passé, obstruer de ses vieux débris la route ouverte de l'avenir, et, par un excès d'amertume, réagir parfois violemment contre cette force inéluctable qui pousse les hommes vers l'au-delà, contre cette noble marche sacrée qui est le progrès de l'humanité : œuvre d'erreur et d'impuissance, œuvre, vous l'avez vu, Messieurs, irrémédiablement condamnée à une odieuse stérilité ! Mais s'aider du passé pour préparer l'avenir, interroger les choses d'hier pour expliquer celles de demain; reprendre au passé ce flambeau dont parle éloquemment le poète pour marcher d'un pas plus sûr en avant, en avant encore; dégager les voies du progrès; laisser tomber ou jeter sur la route ce qui retarde et ce qui arrête; conserver dans le bagage humain et dans ce patrimoine accumulé, comme nos seules richesses véritables, les notions toujours vraies et justes, les devoirs et les droits éternels; accroître, chemin faisant, ces biens si chèrement acquis; aimer demain sans maudire hier et les réconcilier en quelque sorte : œuvre d'apaisement et de lumière, œuvre d'un noble espoir dans l'avenir de l'humanité et d'une foi généreuse dans les destinées de la patrie !

Cette œuvre-là, Messieurs, la République et l'Université s'y essaient : elles y réussissent. Et c'est pourquoi naguère, sous les voûtes de la vieille Sorbonne, qu'il faisait retentir des plus fières et des plus généreuses paroles qu'elle ait peut-être jamais entendues, un ministre de la République associait l'Université à la peine, à l'honneur du pays tout entier; d'un mot, dont il rajeunissait éloquemment le sens, il expliquait la tâche humaine autant que patriotique où elle s'emploie si activement et qu'elle *seule* peut mener à bien : il confirmait son vieux titre de noblesse, il renouvelait le prestige de ce nom dont elle est fière d'Université Nationale !

Et maintenant, Messieurs, vous étonnerez-vous qu'après un pareil préambule — car il faut bien que je l'avoue : c'est là seulement un préambule; — vous étonnerez-vous que dans cette salle, qui encore est consacrée aux Muses, que dans cette assemblée indulgente, si pleine d'honnêtes gens, comme disait votre Vaugelas, de gens de tant de science et de tant de goût, dans cette ville enfin toute fière des grands noms d'écrivains illustres, j'aie cru n'être point importun, ni à côté de plus d'une convenance, en relisant devant vous quelques pages d'un livre savoisien récent, auquel l'Académie Française a voulu décerner l'une de ses plus flatteuses couronnes? Livre aimable, délicat, parfois exquis, tout plein des plus purs et tendres sentiments, du plus respectueux esprit de la famille, tout parfumé de cette bonne et saine senteur du foyer domestique, œuvre d'un homme de lettres et d'un homme de cœur, monument pieux et touchant élevé à la mémoire d'un aïeul vénéré et d'une vieille maison vénérable; simples souvenirs, nous dit modestement l'auteur, M. le marquis Costa de Beauregard, souvenirs respectueusement recueillis par un arrière-petit-fils et mélancoliquement recherchés dans quelques papiers de famille, comme on tirerait, à soixante ans, des feuillets de quelque ancien livre, celui de la vingtième année, les fleurs desséchées de sa jeunesse.

Pourquoi donc, en effet, le charme et l'agrément de ces souvenirs sont-ils comme aigris et gâtés, pour l'écrivain lui-même et, partant, pour ceux qui le suivent si volontiers dans son filial pèlerinage, par je ne sais quelle amertume et quelle tristesse, par je ne sais quel air de malédiction du présent et de désespérance de l'avenir?

En décrivant d'abord les ruines de l'antique château du Villard, où le marquis Henry-Joseph Costa naquit en l'année 1752, vieille demeure perdue au milieu des montagnes, abandonnée depuis quatre-vingts ans, qui s'écroule et s'effondre, et laisse tristement pendre de ses fenêtres leurs grilles autrefois protectrices, devant ce perron brisé, dans cette cour muette où le buis a poussé comme un arbre funèbre, l'écrivain, pris d'un noir chagrin, s'écrie : « Les ruines sont souvent pittoresques; mais ici tout est triste et serre le cœur. » — Eh bien ! c'est là la note plaintive et douloureuse qui résonne dans tout l'ouvrage ! L'homme véritablement remarquable qui revit si bien dans ces pages adresse quelque part ce reproche à son illustre ami Joseph de Maistre, dans une lettre où il lui répond le 15 juin 1789 : la date donne la clef des préoccupations de ces deux grands esprits, de ces deux nobles âmes. « Mon cher ami, lui écrit-il, pourquoi vous glacer de l'avenir ? » Et il lui parle éloquemment de ce qu'il appelle le mal de l'espérance : or ce mal, lui, dit-il à l'implacable et décourageant prophète, il n'en veut pas guérir ! Pourquoi donc son biographe s'en défend-il, de ce mal bienfaisant, avec cette étrange obstination ? Pourquoi cette complaisance inconsolable à regarder vers le passé, comme vers ces rives heureuses, enchantées, où on laisse la moitié de sa vie, sans espérer les jamais revoir ? Pourquoi ce plaisir inquiet et triste à déplorer ce qui n'est plus ? Pourquoi mettre dans ce titre du livre — *Un homme d'autrefois* — non pas tant le respect et l'admiration attendrie, que les regrets cruels, je ne sais quel refrain désenchanté, presque le défi et presque la colère ? Comme si les temps heureux, féconds étaient pour jamais évanouis, comme si la terre était épuisée de sève humaine, comme si de ce monde condamné, auquel la Révolution — car il faut enfin dire le mot — a laissé du moins, vous l'avouez, et la beauté de son ciel et l'azur de ses lacs, toute joie et toute espérance s'étaient pour toujours envolées ?

L'idylle, car c'en est une, l'idylle sitôt passée et si vite flétrie, où s'écoule doucement l'enfance et la jeunesse du marquis Henry, est, de tous points, charmante, et refleurit bien gracieusement dans la peinture de son petit-fils. « On ne vit qu'au Villard, et l'on végète ici, » écrivait à sept ans le petit Henry, auquel deux jours d'absence donnaient le mal du pays et le mal du foyer domestique. « Quelle différence des joies de notre adorable maison aux continuels bâillements de Chambéry ! écrivait-il encore. Quel temps que le temps passé loin de toi, ma chère maman, et loin de la maison ! Mais aussi combien ce vilain temps dorera-t-il celui que je passerai près de toi à être grondé, selon la coutume que tu crois devoir prendre, pour me montrer moins de tendresse que tu n'en as ! »

On menait ainsi au Villard une vie aimante et douce, oubliée, oublieuse du reste des hommes, insoucieuse des ambitions de cour, un peu inactive, à ce qu'il semble, et comme toute confite dans les charmes de la famille et des intimes amitiés. On n'y connaissait point les indifférents. « Parents et voisins affrontaient seuls les difficultés du voyage dans un pays montagneux où les chemins étaient à peine tracés. Comme dans presque tous les châteaux de ce temps-là, de vieux amis y vivaient, qui ne le quittaient guère et avaient en quelque sorte droit de bourgeoisie........ Les longues soirées de l'hiver se passaient à conter l'histoire de la famille (car il n'est pas de famille qui n'ait, en bien ou en mal, de frappants exemples dans ses propres annales). Les belles actions et les vertus devenaient légendaires dans tous ces cœurs d'enfants. Groupées autour d'un grand ouvrage de tapisserie, les petites filles travaillaient pendant que leur mère mettait de l'ordre et de l'économie dans les laines et dans les métiers. Le marquis de Murinais (le père de la châtelaine) égayait le coin du feu en lisant un conte ou bien les gazettes qui venaient d'arriver par l'ordinaire ; l'abbé marmottait, en attendant le souper, quelques patenôtres inattentives; Henry, assis sur le bras d'un fauteuil, corrigeait les déplorables dessins de M. Girod (le notaire hôte de la maison), et le marquis Alexis, tenant son petit Télémaque sur ses genoux. jouait avec la croix de Malte qui pendait au cou de l'enfant, ou crayonnait, pour la lui faire comprendre, la fable du lendemain. »

C'est là un tableau d'intérieur tout-à-fait animé, plein de grâce, et, qui plus est, d'une jolie langue; mais encore y a-t-il là, ce semble, un peu de ce qu'on pourrait appeler la superstition domestique : l'excès se sent et déborde un peu. Est-ce donc enfin que, par le temps qui court, il n'y a plus d'esprit de famille ? Est-ce qu'il n'existe plus de ces bons coins du feu pleins de calme et de vertu, pleins d'abandon et de tendresse ? Et quel est donc celui de nous, Messieurs, qui n'a pas, maintes fois, regardé ces aimables scènes ? Qui de nous n'a pas vu, à la clarté de nos lampes bourgeoises et devant les portraits souriants de nos simples aïeux à nous, — qui un fermier, qui un petit marchand, qui un brave et bon ouvrier, — plus d'une maman, de nos jours encore, dirigeant l'aiguille de ses filles et surveillant leurs gentils propos, plus d'un papa, même au XIX° siècle, même après la Révolution, corrigeant les cahiers de ses fils, ou les faisant sauter gaîment, et, tout comme le bon roi Henri, courant devant eux à quatre pattes ? Nos enfants seulement ne portent plus au cou ni croix de Malte, ni cordon bleu ramassés par leurs petites mains dans les langes de leur berceau : devenus hommes, ils les méritent.

« Les années se succédaient au Villard sans autres événements importants que les chasses malheureuses ou les voyages à Beauregard. Une partie d'échecs mettait en jeu tous les amours-propres ; on se désolait de laisser partir un ami par le mauvais temps, et plus grande encore était la peine quand on n'avait pas bourré les poches d'un créancier de tout l'argent qu'elles pouvaient contenir. » Tout cela est gracieux, souriant, raffiné, aristocratique ; il n'est pas jusqu'au dernier trait qui ne sente, décidément, son grand seigneur. « Que dire de ces années, ajoute l'historien, sinon qu'elles étaient heureuses, heureuses comme celles d'un peuple dont l'histoire ne parle pas ? » Mais, précisément, c'est l'excès ; est-ce que cette existence paisible et je dirais presque assoupie, est-ce que cette douce pastorale, toute de lait et toute de miel, n'a pas le défaut d'être inactive et, par cela même, inféconde ? De cette gentilhommière perdue dans les nuages, — le mot, qui serait vif, n'est pas de moi ; je le prends, à vrai dire, autrement que ne l'a entendu l'auteur : — quelle est donc pourtant l'impulsion, quelle est l'action bienfaisante qui descendait sur l'ignorance et les misères des hommes, sur les croissantes difficultés des choses, sur l'embarras et le malaise des temps, sur les destinées de plus en plus troublées de la patrie ? A quoi servait encore ce bonheur un peu dédaigneux, indifférent, presque égoïste ? Et dans quel regrettable isolement ces gens heureux — ce qui ne suffit pas — ces gens qui, ayant les lumières, avaient, par-là même, charge d'âmes, abdiquaient-ils toute influence morale et toute direction politique ?

Cependant Henry grandissait : on voulut lui faire voir Paris. Nous avons le journal de voyage de ce touriste de quinze ans : c'est déjà un observateur, un moraliste des plus avisés, un écrivain de la meilleure langue. Je ne puis malheureusement le suivre à travers ses fines impressions qui ne sentent rien moins que la province, et qui sont d'un esprit bien vif qu'a singulièrement aiguisé cette éducation en serre chaude, ainsi que d'une âme droite, ardente, généreuse. Henry revint enfin, par une journée de printemps, « comme le soleil qui souriait à travers les croisées ouvertes », continua sous ce toit de paix cette adolescence rêveuse et ce far-niente de dilettante, visita Rome et l'Italie; puis, pour payer sa dette de sang au roi ainsi qu'à son pays, se décida à prendre du service et passa ainsi cinq années, cinq années assez laborieuses, dans la légion des campements. A vingt-cinq ans, on le maria : mariage de raison d'abord, qui devint l'union la plus tendre.

Le récit de la fête est charmant: les cloches d'alentour et les *boîtes* faisaient rage; « on aurait pu compter jusqu'à dix curés marchant à la tête de leurs paroisses et débouchant, les uns à pied, les autres à dos de mulet, par les sentiers de la montagne. » Le discours de l'abbé, la harangue du syndic, les mille poignées de main qui se croisent, ce long cortége de monde ami arrivant lentement au Villard; là, le héros de la fête, Henry, héros des plus galants et des plus agréables, présentant le poing à sa femme qui saute lestement de sa mule; la jeune marquise alors frappant de l'éventail aux portes restées closes; puis, tout-à-coup, les lourds battants s'ouvrant au milieu du silence de tous, et le vieux marquis Alexis, en grand habit de cour, s'avançant entouré de sa femme, de ses enfants et de ses serviteurs, versant, pour la bienvenue de la *fenna novella*, le vin d'une aiguière de vermeil, et portant la santé du roi, celle de sa belle-fille, celle de tous les amis qu'il voyait réunis; les vivats de la foule, cette fête et ce banquet champêtre de huit jours qui se terminent par la journée des pauvres, ces vieux rites domestiques, ce pieux cérémonial transmis par les ancêtres, tout cela fait un tableau exquis, grave et doux, et d'une touche simple et pénétrante.

L'églogue du Villard, cette bienheureuse églogue, soupirée maintenant à deux voix, s'interrompit pourtant un jour, après je ne sais trop quel petit orage intérieur, par une de ces légères bourrasques auxquelles apparemment n'échappent pas même les meilleures et les plus unies des familles. Mais elle reprit bientôt à Beauregard, sur les bords délicieux du Léman, égayée, embellie encore d'un cher cortége de quatre enfants. La mère, dans tout le récit, disparaît, à vrai dire, un peu; mais quel père! De quelle tendresse enveloppe-t-il ses garçonnets, ses chers petits! Quelle peur n'a-t-il point d'attrister leur enfance! Comme il se livre, c'est lui qui le dit, à ce plaisir de les aimer!

Cependant, dans le ciel lointain, commençait à gronder ce grand et solennel orage de 1789, et déjà s'amoncelaient les nuages « que la Révolution appelait de tous les points de l'horizon. » Et quoi! la foudre, dans ce ciel serein! Dans cet âge d'or, la tempête; et sur ce petit coin de gens heureux et si dignes en effet de l'être, le déchaînement des terribles colères, et je ne sais quelle sombre Némésis! Qu'est-ce à dire? Et qui donc l'avait déchaînée, cette tempête furieuse, effrayante, dont M. le marquis de Beauregard ne saurait parler sans violence, dont il ne peut parler non plus, et peut-être en dépit de lui-même, sans grandeur et sans majesté? Non, certes, — vous avez raison — l'on ne saurait en accuser ces innocentes gens du Villard, ni l'aimable et modeste essaim qui s'était envolé un jour vers les bords du beau lac Léman. Mais est-ce donc enfin que partout, que pour tous, durant ce brillant XVIIe siècle, tout de pompe et de gloire, qui s'achève lugubrement, au sanglant coucher du roi-soleil, dans les humiliations de la défaite, dans les odieuses tortures de la persécution religieuse, dans les pires souffrances de la misère et de la famine; est-ce que, durant le XVIIIe, qui n'est plus que la honteuse débâcle du vieil honneur du trône, des finances du pays et de sa grandeur dans le monde; est-ce donc que la vie n'ait été, sous le chaume des campagnes et sous le toit des villes, comme dans les bosquets de Versailles, de Marly ou de Trianon, qu'une longue et douce pastorale, qu'une idylle riante, parfumée et enrubannée? Soit: loyauté, économie, simplicité des mœurs, gravité de la vie, bonté ou bienveillance, sinon fraternité, régnaient, se perpétuaient dans ce petit château de la montagne. Mais regardez ailleurs, à côté, près de vous, dans les cités laborieuses où lutte et se débat l'artisan, dans les plaines infécondes où le paysan se traîne et végète. Relisez les notes de voyage de votre Henry, tout le premier, qui ne fait que passer à Paris, qui, par la grâce de ses quinze ans, n'a pu heureusement qu'entrevoir cette société et cette cour, qui ne soulève qu'un coin du voile, et ne pénètre pas, Dieu merci, pour la plus grande joie du vieil abbé Baret, jusqu'au fond des vilains mystères de cette existence corrompue, de cette vie à toute outrance qui se gaspille et qui se ruine, et qui, à la veille du déluge, use en plaisirs ses dernières heures et ses dernières ressources et son dernier reste de forces. Demandez-lui ce que dans sa droite raison il ressent de mépris et de colères à la vue de ces sots petits-maîtres qui bâillent et prennent du tabac, auxquels il voue, du premier coup, une haine qui ne leur pardonne pas? Demandez-lui quelles réflexions il fait dans une excursion à Choisy, où on le mène en partie de campagne, et où, cherchant en vain « la nature toute simple, » celle qui lui rappellerait le Villard, il se met curieusement à courir les jardins superbes. Il admire ces magnifiques serres, ces fraises mûres en février, ces vignes déjà feuillées, ces figues presque à leur crue, les ananas, les petits pois et les asperges qui foisonnent. Et les fleurs! quelles fleurs! Mais l'entretien de tout cela, remarque le petit philosophe, est d'une dépense qui l'épouvante : « Comme c'est le roi qui paie, c'est un gaspillage incroyable. Mon oncle, conte-t-il, a demandé au premier jardinier qui nous conduisait combien coûtaient les belles plantes de jacinthe qu'il nous montrait. Le roi les paie cinquante écus l'oignon, lui répondit l'homme. Comme, une demi-heure après, mon oncle lui redemandait s'il pourrait en avoir quelques oignons, l'autre lui offrit d'en faire venir tant qu'on voudrait à vingt sols la pièce. Le roi est royalement volé. » Qui donc, Messieurs, payait la différence ?

Et cette peinture de Versailles même, rapide croquis si vivant et si net, où se joue si aisément la plume du jeune et malin écrivain, comme se jouait aussi son pinceau sur ces toiles apportées de Savoie qui étonnaient Boucher et Greuze et que ne dédaignait point Diderot! « Quel admirable lieu! écrivait Henry dès le soir même. Je suis mort de fatigue, mais je veux te dire, papa, quel pêle-mêle d'hommes et de choses, de peintures, de statues, de femmes, de soldats, de carrosses, de majestés et de petits riens j'ai admiré depuis ce matin. » Savez-vous bien que l'antithèse est vive et que c'est là parler des dieux avec une singulière irrévérence ? Et ce roi, pauvre enfant que vous êtes, dont vous remarquez l'air bon, mais méprisant, et qui passe devant vous usé, alangui et maussade, s'en allant, où cela ? — à la bénédiction, ce roi, la candeur de votre âge vous empêche d'en savoir encore la honteuse inertie et les scandaleuses dépravations ! Derrière le grand manteau rouge du roi, orné de la plaque du Saint-Esprit, une longue file de cordons bleus et de gardes; puis la reine, dans sa chaise à porteurs, bien laide et décrépite; puis M. le Dauphin et ses frères; Mesdames, qui ont passé très-vite; enfin les dames d'honneur, toutes extrêmement replâtrées, barbouillées de rouge, se pavanant en grands paniers qu'elles accrochaient un peu partout, et donnant le bout de leurs doigts à des seigneurs tout à l'ambre. — Ah ! Messieurs, ne nous étonnons pas si, aux tristes journées prochaines des 5 et 6 octobre 1789, les femmes de Paris, barbouillées, elles, de pluie et de boue, et traînant, non plus leurs paniers, mais leurs petits enfants derrière elles, accourent à Versailles auprès du malheureux Louis XVI, et lui viennent demander du pain !

Et ne refaisons même plus ici cette tragique et sinistre peinture de ces misères des gens de campagne qui faisaient frémir La Bruyère; ne parlons plus de ces animaux farouches — des mâles et des femelles — livides et brûlés du soleil, courbés sur la terre qu'ils fouillaient avec une opiniâtreté invincible, qui avaient comme une voix, comme une face humaine, qui, se retirant la nuit dans des tanières, y vivaient de pain noir, de racines et d'eau, qui enfin, épargnant aux autres la peine de labourer et de recueillir pour vivre, méritaient peut-être ainsi de ne pas manquer de ce pain qu'ils avaient semé ! Ne parlons plus de ces légendes effroyables, désespérées, encore qu'apparemment ce désolé modèle ait posé devant La Bruyère, devant Racine, devant l'honnête Vauban ! Laissons aussi ces doléances navrantes que Voltaire prêtait, quelque soixante années plus tard, à ce pauvre ouvrier de Lyon, qui, dans une lettre à ses patrons ou aux autorités municipales, leur exposait douloureusement, sou à sou, article par article, le mécanisme de son petit budget, leur en détaillait les ressources, mettait devant eux en balance et le maximum de ses recettes et le minimum de ses dépenses, leur en démontrait tristement l'inévitable inéquilibre, et qui, à l'approche de l'hiver, pour lui et surtout pour les siens appréhendait de vivre, comme disait encore La Bruyère, et priait pourtant qu'on tâchât qu'il pût y arriver sans mourir de faim !

Encore une fois laissons de côté ces misères qui, véritablement, font peur, qui paraissent à peine croyables, dont le récit importunait la vieillesse de Louis-le-Grand et ne parvenait pas à secouer l'impassibilité royale de Louis-le-Bien-Aimé ! Mettons même que nos deux grands peintres, philosophes émus de la douleur humaine, aient, dans leur pitié révoltée, poussé leurs tableaux trop au noir ! Mais voulez-vous, Messieurs, avoir, et cela de la plume la plus sobre, la plus mesurée, la plus discrète, la moins suspecte d'excès de langage et de mauvaise déclamation, un témoignage récent encore, et qui, par la peinture fidèle d'un petit coin de notre pays de France, tel que l'ancien régime l'avait fait et l'avait laissé, jette un jour bien curieux et bien triste sur la situation générale de notre France tout entière, telle qu'elle était *au bon vieux temps ?*

M. le comte de Montalivet, dans un opuscule tout aimable et qu'il vient de dédier à ses amis, à ses voisins de campagne, à ses concitoyens du Cher, remonte en toute simplicité à ses souvenirs de soixante ans; et, comparant l'heureux spectacle que donne à sa verte vieillesse cette contrée longuement habitée avec le tableau misérable qui avait frappé sa jeunesse, il retrouve, il retrace ses impressions vives et fraîches du jour où, pour la première fois, il visita le pays de Sancerre. C'était au lendemain de cette année 1816, exceptionnellement triste et malheureuse, où rien ne manque, nous dit l'auteur : — réapparition dans le gouvernement des passions de l'ancien régime, — récolte du blé partout insuffisante, — pain fabriqué avec des blés avariés, — détestable qualité du vin, — le commerce partout anéanti. Par surcroît, un pays agreste et pittoresque, mais d'un aspect d'abord sauvage, « et où tout semblait presque inculte, depuis les habitants jusqu'aux terres qu'ils cultivaient. »

Je ne suivrai pas dans leur voiture de poste M. de Montalivet et son père quittant leur bel hôtel de l'île Saint-Louis pour aller s'établir au vieux château de Lagrange, et je ne veux point insister sur les lenteurs et sur les ennuis du voyage; aussi bien il est encore des gens amis des aventures et de quelque fantaisie, qui regretteraient peut-être les deux longs jours de diligence que subissait alors tout voyageur venant de Paris pour arriver jusqu'à la Loire, large, à

Pouilly, de 700 mètres, aussi bien que les trois mortelles heures qu'on mettait à franchir le fleuve sur ce pont flottant du vieux bac. Mais ces routes tellement creuses d'ornières, qu'il faut, sous peine d'y rester embourbé, les combler de voitures de bourrées ? mais l'hiver et la pluie isolant, claquemurant, chacun chez eux, ces groupes de population d'alentour, et suspendant ainsi et la vie de famille et celle des affaires ? Mais cette population clairsemée, qui descend bien en vérité de celle que peignait La Bruyère, qui loge dans des réduits de chaume, dans des masures basses, étouffées, enfoncées sous terre, percées d'une seule fenêtre étroite, et comme épouvantées de l'air et du soleil ? Tout cela, le regretteriez-vous ? Dans ces campagnes maigres et mornes, de tout petits bœufs, de petites vaches — et ceci même est bien curieux — dont la race et le type ont, pour ainsi dire, disparu, pauvres bêtes qu'on empêchait de mourir bien plutôt qu'on ne les faisait vivre ; de rares chevaux, et la charrue romaine péniblement traînée à grand renfort d'attelages sur un sol à peine ameubli ; la haie et la broussaille envahissant le terrain de culture et s'élargissant sous le nom de *traines*; les bois aussi malades et aussi maltraités que la terre; l'eau, féconde lorsqu'elle circule et court, inondant de vastes espaces et devenue stagnante, se transformant en marécages, c'est-à-dire en fièvres mortelles ! Cette misère des hommes et des choses, la regretterez-vous ?

Et quelle dure vie ne menait-on pas dans ces tristes villages ! On s'y nourrit d'un pain de qualité douteuse, rassis assez souvent de quinze jours, et dont on mesure les rations; on mange du porc aux grandes fêtes, point d'autre viande, une soupe d'eau et de légumes, grasse d'un petit morceau de beurre, un peu de fromage blanc de lait caillé; on boit je ne sais quel cidre sauvage. — Quel luxe encore! auraient pensé les animaux de La Bruyère. Quel dénûment! répondons-nous. — Parfois même, pis que cette pauvreté: la détresse de la famine! Point de liberté des échanges, point de commerce régulier ; une population ignorante s'opposant au transport des blés, se soulevant aveuglément, et la récolte alors se consommant sur place, parfois à un taux si élevé que les malheureux n'y peuvent atteindre, et parfois si dépréciée que les cultivateurs n'y couvrent point leurs frais! Point la moindre industrie locale; point de cordonnier non plus que de boulanger; quelques-uns ont des souliers le dimanche, mais ils font venir de très-loin cet objet de somptuosité; on en est au sabot rustique: on n'en est point à ce raffinement des bas ni des chaussettes. Les vêtements de laine sont inconnus, sauf aux jours de grand froid ou de pluie exceptionnelle. Mal nourris, mal logés, mal vêtus, entourés de leurs mares fiévreuses, décimés par la mauvaise hygiène, privés, cela s'entend, de toute école, de toute instruction, livrés, comme sont les ignorants, à toutes les vieilles superstitions, hantés de la peur des sorciers et de celle de ces revenants qui ne reviennent jamais dans les maisons où l'on sait lire, quel triste contingent pourtant, combien faible et malingre, combien épais et lourd ces pauvres gens donnaient-ils donc aux robustes travaux de la culture, à ce mâle impôt du recrutement, à ce viril travail du progrès! Et quels pâles, quels chétifs enfants la France encore nourrissait-elle en l'an de grâce 1817, c'est-à-dire, songez-y, Messieurs, il y a tout juste soixante ans!

Voilà, Messieurs, n'est-il pas vrai? plus d'une face, plus d'un aspect de la douleur et de la misère humaine. Or, puisqu'après ce triste tableau, il faut enfin revenir à mon lointain point de départ, et conclure ce long développement par une réflexion nécessaire, n'est-ce pas que ce ne sont point là des églogues? N'est-ce pas qu'à de pareilles bucoliques le sombre burin de La Bruyère sied mieux que le pastel rose de Florian? N'est-ce pas qu'il était temps que tout cela cessât? Où donc est, aussi bien, dans ces existences misérables, où donc est, sinon ce qu'on peut appeler la joie de vivre, du moins le plus primitif bien-être? Non, je ne dis même pas ces douceurs, ces agréments, ces jouissances de l'esprit ou même de la bête, qui sont comme le superflu de notre pauvre humanité, et qui lui sont si nécessaires : j'entends cette satisfaction légitime de ses plus ordinaires besoins, de ses plus vulgaires appétits. Je demande de quel nom s'appelle un si douloureux pèlerinage; je ne vois vraiment là que des souffrances. — Or, ce sont ces misères des uns, nées de l'insolent mépris, de l'indifférence odieuse, des scandaleux abus des autres, qui ont, puisque vous recherchez les causes, rassemblé ces nuages qui portaient tant de foudres et fait enfin tomber le tonnerre ! C'était, et c'est vous même qui le dites, c'était le châtiment du vieux monde et la naissance d'un monde nouveau !

« Contre nous, disait à la fin de sa vie le marquis Henry, dans un langage digne de Bossuet, contre nous qui, pour la plupart, n'avons à nous reprocher que le crime d'une solidarité originelle, se sont dressées, au moment de la Révolution, les choses comme les hommes et la nature comme l'idée.

« Contre nous la terre des cimetières a donné son salpêtre, les cloches sont devenues des canons, les cercueils de plomb où dormaient nos pères ont fourni des balles, et nos parchemins ont enveloppé les paquets de mitraille que l'on nous a envoyés.

« Dieu n'a-t-il point voulu châtier notre orgueil de race, en l'écrasant sous les monuments qu'il s'était élevés à lui-même et qu'il croyait impérissables ? »

Admirable retour, Messieurs, sur les fautes accumulées d'un passé irréparable ! Condamnation sévère et éloquente d'un régime qui s'était tué !

Aussi me semble-t-il, Messieurs, qu'avec cet *homme d'autrefois*, qui jugeait si sainement son temps, avec cette raison éloquente, avec ce sens si droit et dénué de tout fanatisme, avec cette âme ardente touchée des choses humaines, et cette « chaleur d'entrailles » qu'aimait en lui Joseph de Maistre, on se sent bien près de s'entendre ! Et comment nous, gens d'aujourd'hui, pourrions-nous voir un adversaire dans ce témoin sympathique, ému, gagné, dès l'origine, non point seulement à ces grands mots, mais encore à ces grandes choses et à ces nobles idées nouvelles, qui, comme une coulée embrasée, sortaient de cette fournaise flamboyante de Versailles pour se répandre sur la France ! Ecoutez de lui cette lettre qu'il écrivait de Grenoble à son ami de Maistre, au lendemain d'une de ces fêtes populaires improvisées par l'enthousiasme, en joie de quelque grande nouvelle qui vient d'arriver de Paris : « Pour moi, dit-il, je n'eusse point hésité, malgré vous, mon cher ami, à suivre M. de Clermont-Tonnerre, et certes c'eût été, comme il l'a dit, à ma conscience que j'aurais obéi; mais enfin la réunion définitive des trois ordres est faite et bien faite....... J'ai trouvé toute la ville illuminée; en traversant la place du Théâtre, j'ai été entraîné par des citoyens qui m'ont introduit dans la salle resplendissante de bougies, et où étaient établis trois cents couverts sur deux immenses tables en fer-à-cheval. La musique la plus ronflante, un monde innombrable dans les loges et autour de nous, rendaient cet impromptu charmant. »

Ah! Messieurs, conserver, avec cet impérieux ami M. de Maistre, cette liberté d'esprit, cette largeur d'idées; garder, devant ce terrible juge, cet abandon de sentiments et comme cette audace généreuse; devant cette froide et rigoureuse raison, juger avec son cœur de si graves événements, ce n'était point un mince mérite, ni la marque d'une intelligence qui fût à demi ferme, à demi clairvoyante! Vous comparez ces deux amis illustres: l'un avait plus de force et plus d'étendue de génie, l'autre avait plus d'élan et plus de chaleur d'âme. Soit, bien qu'avec ce grand de Maistre, il faille y regarder à deux fois, et qu'il soit aisé de trouver sous cette âpre enveloppe de glace, sous cette rudesse de forme et cette crudité de langage, je ne sais quoi de profondément tendre, bien de la grâce parfois et bien de la délicatesse. Mais encore cette tête qui « fermente, » cette âme qui s'emporte, qui s'indigne et se désespère, qui appelle et crie au secours, toutes ces fumées et tous ces bouillonnements de haine, tout cela n'était-il donc point fait pour obscurcir cette raison puissante, pour troubler ce vigoureux esprit? Et en vérité je me demande quel était, de ces deux hommes rares et d'une si haute intelligence, celui que nous pouvons aujourd'hui tenir pour le plus avisé et le plus perspicace, pour le plus sage et le plus raisonnable. Les illusions et la passion aveugle n'étaient-elles point le fait du politique amer dont les prophéties lamentables n'annonçaient à notre pauvre monde qu'un déluge de maux? L'inspiration et les lumières n'étaient-elles point du côté de l'homme qui écrivait ces généreuses paroles à son ami désabusé? « Croyez que ces discussions de Versailles, qui vous enfièvrent, ne peuvent produire qu'un nivellement heureux parmi ces hommes qui, *malgré vous* (nous avons vu déjà ce *malgré vous*), veulent le bien de la France........ Il faut, dites-vous, aux députés une force d'âme peu commune pour se raidir contre le courant, pour s'isoler de la foule, pour se soustraire aux séductions d'une popularité que vous appelez trop facile. Mais indiquez-moi, mon cher ami, où dans tout ceci finit la vérité et où commence l'erreur. Le dogme ne saurait envahir la politique, et les principes, dans cet ordre d'idées, n'ont rien de révélé. »

Graves paroles, Messieurs, adressées surtout à ce croyant, à ce noble et grand fanatique; graves paroles qui n'appartiennent guère à la langue d'un homme d'autrefois! Aussi bien, pourquoi faire une réflexion qui vient à mon esprit? Chose étrange en effet: ce serviteur fidèle et ce vaillant soldat de l'ancien régime, ce marquis de bonne et vieille race, qui avait quarante ans en 1789, ne nous semble-t-il pas, en vérité, plus réconcilié avec le nouvel ordre de choses, moins effarouché du présent, plus confiant dans l'avenir, plus proche de nous en quelque sorte et comme plus contemporain que le filial biographe, pourtant pieusement admirateur, qui vient en 1878 de nous retracer ces nobles traits et de nous rendre cette belle figure ? Et quoi ! le plus inconsolé, le plus désespéré des deux n'est pas celui qui a contemplé et qui a ressenti ces bouleversements formidables, qui a vu dévaster son nid de Beauregard, son père emprisonné, sa femme dans un cruel et misérable exil, son fils enfin, un fils véritablement adoré, mourant au champ d'honneur d'une balle républicaine : non, ce père désolé n'oublie pas, mais pardonne encore! Son enthousiasme avait salué les promesses de la Révolution ; son cœur avait tressailli à ces grands mots de liberté et de vertu que Paris renvoyait à la France ; profondément chrétien, il avait accommodé à sa foi tout un idéal social et politique, il rêvait dans l'avénement du régime populaire une sublime application de la charité évangélique. Vieux et frappé au cœur, il ne renie point sa jeunesse, il ne veut point cesser d'aimer toutes les belles et toutes les saintes choses auxquelles sa jeunesse avait cru ; il admet que les hommes l'aient trompé, mais non la vérité elle-même; il attend tout de l'avenir (1)! L'homme d'autrefois, c'est le petit-fils ; l'homme d'aujourd'hui, c'est son héros, ce bien-aimé, ce vénéré grand-père !

Pour moi, Messieurs, j'aime à me représenter le marquis Henry de Beauregard sous les traits bien connus de nous, Dieu merci, d'un de ces nobles et généreux contemporains qui ont eu le rare mérite, le grand courage et le patriotisme, non point de répudier de légitimes souvenirs,

---

(1) *Un homme d'autrefois :* passim.

mais de renoncer à de stériles regrets ; qui ont fait ce difficile effort de dépouiller en eux le vieil homme, les sentiments et les idées de toute une longue existence, — plus que cela souvent, toutes les traditions d'une famille ; qui se sont virilement dérobés à ces mille liens des croyances séculaires, des opinions reçues, des influences du milieu et de l'éducation, des alliances du sang, ne fût-ce que des relations mondaines ; qui ont, par une raison que leur cœur éclairait, fait passer l'amour de leur pays par-dessus toutes leurs sympathies, toutes leurs préférences personnelles ; qui sont venus enfin tout immoler devant l'autel deux fois sacré de cette Patrie blessée, vaincue et malheureuse, que le plus illustre d'entre eux a libérée et a sauvée! Ceux-là, Messieurs, n'ont point désespéré ni d'eux-mêmes ni d'elle : ceux-là ne l'ont point abandonnée ; ceux-là l'ont consolée, l'ont soutenue, l'ont réconfortée de leur espoir, de leurs promesses, de leurs paroles, de leurs actes !

Or, Messieurs, écoutez l'un d'eux, celui-là même dont tout-à-l'heure j'ai invoqué le témoignage, auquel j'ai cru devoir emprunter la triste et désolée peinture que vous savez, et dont je fausserais étrangement et défigurerais la pensée, si je m'en tenais à cet unique extrait de son aimable livre, si je laissais croire au pessimisme de cette sereine et souriante vieillesse, si, en face de ce premier tableau tout sombre de couleur et de l'effet le plus mélancolique, je ne montrais comme un clair pendant tout égayé de scènes heureuses, rempli de joie et de lumière.

La scène se passe, Messieurs, de notre temps, sous nos yeux, hier même, dans ce pays du Sancerrois dont vous avez vu les misères passées, autour ou, pour mieux dire, à l'ombre de ce vieux château de Lagrange, dont je vous ai nommé le seigneur. C'est là que le père était venu chercher une retraite qu'il a, nous dit pieusement son fils, « honorée par tant de dignité simple et désintéressée, jusqu'au jour où le cimetière de la commune a reçu la dépouille mortelle de ce grand homme de bien. » C'est là que le fils, à son tour, est venu, non pas tant se reposer d'une longue vie brillante et active, non pas tant jouir, parmi ses vieux voisins de soixante ans, de cette intimité respectueuse et de cette bienveillance populaire dont il parle si délicatement, qu'apporter ses conseils, son influence et son initiative, et mettre au service de la petite commune dont il est, comme l'a été son père, le dévoué conseiller municipal, et son esprit de progrès, et son expérience des affaires, et les précieuses inspirations d'un patriotisme dont la vieillesse semble avoir rajeuni l'ardeur.

Or, ces jours-ci, M. le comte de Montalivet allait entrer dans la cinquantième année de son mariage: il allait célébrer ses noces d'or. Il eut l'idée charmante de réunir autour de lui, pour cette solennelle et douce fête de famille, et ses enfants, et ses petits-enfants, et tous ces braves gens au milieu de qui s'était affectueusement passée son existence. L'épithalame, c'est lui qui le voulut composer lui-même, et ce fut l'aimable ouvrage dont je vous ai tout-à-l'heure entretenus, et que lui, dans sa digne et souriante bonhomie de châtelain, dans sa confiante et militante vieillesse de patriote, lui, le féal serviteur de la Révolution de 1789, du drapeau tricolore et de la France, il a appelé de ce titre joyeux et comme rayonnant d'espérance: *Un heureux coin de terre !* En même temps qu'une invitation à se rendre au château de Lagrange, toutes les familles sans exception de Saint-Bouize et de Couargues reçurent chacune un exemplaire de ce gracieux et touchant hommage.

Il paraît, raconte un témoin (1), que la fête a été charmante. « M. le comte et Madame la comtesse de Montalivet avaient demandé aux conseillers municipaux de Saint-Bouize et de Couargues de leur désigner quatre jeunes filles, quatre rosières, se chargeant de les doter et de les marier. Les quatre mariages furent célébrés à l'église de Saint-Bouize en même temps que les noces d'or des maîtres du château. Au sortir de la cérémonie, le cortège des mariés se dirigea vers Lagrange, rubans au vent et les vielles traditionnelles en tête.

A l'entrée de la cour était dressée, suivant le vieil usage du Berry, une petite table autour de laquelle chaque mari reçut des mains de sa femme une cuillerée de soupe, comme emblème du ménage dont le soin lui était désormais confié. Puis tous allèrent s'asseoir au repas de noce, dans une vaste salle ornée de tous côtés de guirlandes et de feuillages : les chiffres des deux époux des noces d'or se détachaient en lierre ainsi que des inscriptions qui rappelaient, avec les noms de Saint-Bouize et de Couargues, la soixantaine de bon voisinage. Dix tables étaient dressées, où quatre cents convives prirent place.

Après le dîner vint la danse, et pendant qu'autour des tables incessamment renouvelées s'asseyaient plus de mille convives, les quatre vielles mettaient la jeunesse en danse. »

---

(1) Francisque Sarcey : *XIXᵉ Siècle*, 20 octobre 1878.

L'idylle du Villard est déjà loin de nous, par la longueur de ce discours; évoquez-la pourtant, et, en regard de cette pastorale d'avant 1789, un peu confinée en elle-même, un peu isolée, exclusive, une idylle aristocratique, ai-je pu dire, mettons, si vous le voulez bien, ce que je puis par contre appeler une idylle rurale, populaire, une idylle, en un mot, de 1878.

Et ce n'est pas tout: il n'est pas de bonnes noces sans lendemain. Le lendemain, le bon et vaillant seigneur du lieu promenait dans ses deux bien-aimées communes un vieil ami, un ancien camarade d'école, qui, jadis, il y avait bien longtemps, en 1819, était venu visiter Lagrange, et qui, retrouvé à Paris, après plus d'un demi-siècle, revenait fêter au château la joie de renouer une ancienne confraternité. Avec quel bonheur, quel orgueil, quelle fierté rurale, comme il le dit spirituellement, le châtelain recueillit-il alors de la bouche de son vieux camarade l'expression de son étonnement à la vue de ces progrès accomplis, de ce nouvel aspect de la contrée, et de cette vraie métamorphose! Et de quels aimables propos s'égayèrent les deux amis! Où est, se disaient-ils en riant, la lourde diligence attelée de cinq chevaux vigoureux agitant leurs grelots? Où est le conducteur avec sa casquette et ses gants de loutre? Où est le postillon et ses immenses bottes? Où sont les douze ou quinze voyageurs d'alors? Et le bac? Où donc est le bac? — Le voici immobile, en pierres de taille et en fils de fer: il est devenu le pont de Saint-Thibault.

D'une colline, les deux amis jouissaient de la vue générale et riante des deux communes sœurs. Quel air de fête! disait l'un. Comment! Des tuiles partout! Souvent même des ardoises! Presque toutes les maisons agrandies ou nouvelles! — Oui, vraiment, lui répondait l'autre : en 1827, le canton de Sancerre comptait 11.780 habitants ; en 1877, il en avait 20.930. Quant à Saint-Bouize et à Couargues mêmes, la population y a doublé. Le pays ouvert, assaini par de grands et bienfaisants travaux — les chaussées départementales, le réseau des chemins vicinaux, le canal latéral à la Loire, les irrigations régulières, — la terre renouvelée, enrichie par une culture savante; la nourriture beaucoup meilleure, le bien-être dans chaque ménage ont fait fuir la mortalité, et c'est vraiment par elles-mêmes que nos deux communes se sont recrutées, pour ainsi dire, et si richement multipliées. Regarde ces maisonnettes salubres, ces visages jadis pâlis de fièvre : on se nourrit aujourd'hui de bon pain ; on ose manger de la pomme de terre; on se permet de la viande, — vois plutôt l'étal du boucher — et on l'arrose du vin du crû. Le coton et la laine ne passent plus pour des objets de luxe : le sabot, précieuse chaussure, jouit encore de ses droits, mais il n'a plus de priviléges. Enfin, le croiras-tu? il y a, dans le seul Saint-Bouize, deux magasins de nouveautés!

Comme ils devisaient de la sorte, une machine à battre vint à passer avec son attirail complet, son charbon et ses guides au teint noirci. Voilà le progrès qui passe, dit le premier. — Le progrès, le voici encore! Regarde un peu de ce côté : voici notre maison d'école. En 1819, nous n'avions point d'école du tout; en 1864, il y avait 118 enfants en âge de fréquenter les classes : 65, c'est-à-dire 55 pour 100, s'y présentèrent; en 1878, sur 145 filles et garçons, 120 ou 82,7 pour 100 y reçoivent l'instruction. Ces chiffres ne font-ils pas honneur à nos familles et à nos maîtres ?

« Nous rentrâmes enfin à Lagrange, dit en terminant notre guide, en nous reportant par la pensée aux principaux faits de cette courte et simple histoire, qui rendent si frappant le contraste offert, à soixante ans de distance, par la même contrée. Merci, me dit mon camarade, merci de m'avoir montré comment une population peut accroître son bien-être et s'élever en civilisation, sans tomber dans le luxe et dans les rêveries malsaines. — Telle est, en effet, lui dis-je, le lot de notre heureux coin de terre. Tout y est changé, excepté son calme, son bon sens, son esprit d'ordre et d'économie, son amour pour son clocher, pour la vie rurale et pour le foyer de la famille, aussi bien que son dévouement aux principes d'indépendance et de liberté que leur a légués la Révolution française. Ses habitants en ont donné plus d'une fois de remarquables témoignages. Pendant la guerre ils ont manié avec courage contre l'étranger le fusil de la Défense Nationale; sept ans plus tard, pendant la paix, ils ont su manier avec autant de fermeté que d'intelligence, contre une tentative de guerre civile, l'arme plus sûre du suffrage universel. »

C'est sur ces paroles de bon sens, de fermeté civique et de patriotique confiance que se termine, Messieurs, le récit et je dirais volontiers l'apologue de M. de Montalivet. Eh bien ! cette simple histoire si simplement contée de nos jours par le châtelain de Lagrange, j'imagine que le châtelain du Villard, si la destinée l'eût fait naître quelque cinquante années plus tard, et si elle eût indulgemment prolongé sa vaillante et précieuse vieillesse, jusqu'à faire de lui notre contemporain, j'imagine, dis-je, qu'il eût aimé à la raconter, lui aussi, gracieusement, à sa manière, et que ce petit livre bienfaisant, tout animé de patriotisme et tout rempli de l'esprit moderne, il l'eût bien volontiers repris pour son compte et signé de son noble nom.

C'est que cet homme de foi et de progrès, d'espérance et de bonté, cette âme chaude et vraiment humaine, ne se fût point résigné à croire qu'entre autrefois et aujourd'hui, entre le passé et le présent, il pût y avoir, à tout jamais, comme un infranchissable abîme, comme une rupture irréconciliable. Il n'eût point compris ces regrets que rien n'apaise et ne console; il eût réprouvé ces rancunes devant lesquelles rien ne peut décidément trouver grâce. Il eût montré le trait d'union possible; il eût le premier pris rendez-vous sur un terrain de conciliation où tous les gens de cœur dussent se rencontrer. Il eût trouvé dans ce mot de patrie le mot d'ordre qui semblait s'offrir et s'imposait à tous, et dans l'amour de la patrie le sentiment et le lien qui devaient rapprocher les âmes et comme resserrer le faisceau.

Vous êtes homme de cœur, homme de devoir; vous aimez sincèrement votre pays, vous et les vôtres l'avez glorieusement servi; vous parlez de lui comme vous l'aimez; vous vous attendrissez noblement à de cruels et récents souvenirs. « O soldats de mon pays, dites-vous, si, depuis le temps où vous admirait le marquis Henry, tout a changé autour de nous, vous êtes demeurés, vous, bons, généreux, patients et braves; on ne saurait se plaindre, ni redouter le danger que l'on partage avec vous ; qui vous regarde parmi les dures fatigues de la campagne vous aime, qui vous voit au feu vous admire, et bienheureux est celui auquel échoit l'honneur de vous présenter à l'ennemi ! » Eh bien ! cette patrie que vous aimez, dont vous aimez les fils, vos frères d'armes, pleine d'une maternelle tendresse, appelle tous ses enfants et les attire à elle, sauf, dans sa dignité légitime, à dédaigner ceux qui la boudent, et à ne plus reconnaître pour siens les ingrats, les ingrats sans nom qui oseraient encore lui manquer d'obéissance et de respect. Elle nous convie tous, non point tant à fonder et à construire l'édifice, car la besogne semble faite, qu'à l'achever en quelque sorte, à y vivre heureux tous ensemble et à le parer fraternellement de tous ces beaux et riches fruits de la concorde et de la paix ; elle nous attend comme à ces fêtes qui couronnent les grandes œuvres et les glorieuses entreprises.

Hommes d'autrefois, hommes d'aujourd'hui, ouvriers de la première et de la dernière heure, tous appelés, tous bienvenus, n'est-il pas vrai qu'il est un cri plus beau, plus noble encore et plus sacré que celui des fidèles Vendéens?

Messieurs, vive la France quand même !

RAPPORT DE M. BIANCONI

Directeur de l'Ecole Préparatoire à l'Enseignement supérieur,

Sur la situation et les travaux de l'Ecole.

Monsieur le Recteur,

Messieurs,

Nous avons voulu, cette année, faire précéder nos cours d'une séance solennelle de rentrée. C'est un vieil usage universitaire qui s'est conservé dans toutes nos Facultés, mais on n'avait pas cru jusqu'ici devoir le mettre en pratique à l'Ecole supérieure de Chambéry. Il nous a paru important, dans l'intérêt des études scientifiques et littéraires, d'appeler l'attention du public sur nos travaux ; c'est pourquoi nous avons résolu d'inaugurer nos cours par cette solennité à laquelle vous avez bien voulu nous faire l'honneur d'assister.

Le digne Chef de notre Académie m'a chargé, en ma qualité de Directeur, de vous faire le portrait de notre Ecole et de vous montrer les avantages qu'elle peut procurer à tous ceux qui ont le désir de s'instruire ; mais, au moment où je vais essayer de m'acquitter de cette tâche, je ne puis m'empêcher d'exprimer le regret de ne pas voir à ma place notre ancien collègue et ami M. Langrognet. Mieux que tout autre, M. Langrognet, qui, pendant de longues années, a dirigé l'Ecole avec tant de zèle et de dévouement, aurait pu vous dire ce que nous sommes et les services que nous rendons ; malheureusement, il avait contracté dans ses pénibles fonctions de professeur de chimie le germe d'une maladie qui ne lui permettait plus de continuer à occuper sa chaire et il a été obligé de demander à être nommé Inspecteur d'Académie. L'administration supérieure, qui a toujours fort apprécié le talent et les services de ce fonctionnaire, n'a eu garde de lui refuser le poste qu'il sollicitait, et aujourd'hui le département de la Meuse est heureux d'avoir à la tête de l'enseignement un homme d'une si grande valeur et d'une si rare modestie. M. Langrognet laisse parmi nous un vide qui sera difficile à combler ; nous ne pouvons que nous inspirer des bonnes traditions qu'il a laissées et marcher dans la voie qu'il nous a si bien tracée.

A diverses reprises, Messieurs, le Ministre de l'Instruction publique a invité les recteurs à provoquer, dans toutes les villes importantes de leur ressort académique qui ne sont point des sièges de Facultés, la création de cours publics d'enseignement supérieur. Les professeurs des Facultés voisines viendraient, chaque semaine, prendre la parole, dans les locaux affectés à ces cours, et répandre, au sein des populations, avec le goût des études sérieuses, les connaissances les plus utiles et les plus agréables. Plusieurs municipalités ont répondu à l'appel du ministre et aujourd'hui ces cours sont assez multipliés. Quelques villes, comme Amiens, Reims, Tours, trop éloignées des Facultés, ont même fait des sacrifices immenses pour avoir des cours publics et en ont chargé les professeurs de leur lycée ; mais il faut voir, surtout à Amiens, avec quel empressement, après les travaux de la journée, les industriels et certains ouvriers se groupent autour des professeurs qui traitent des applications des sciences aux arts et à l'industrie.

La ville de Chambéry, plus heureuse que toutes les villes de même importance, a été dotée comme Rouen, Nantes et Angers d'une Ecole préparatoire à l'enseignement supérieur, et le gouvernement, toujours soucieux des besoins de ce beau pays de Savoie, a tenu à supporter la moitié des frais, ce qu'il ne fait pour aucune autre Ecole. Nous possédons actuellement neuf chaires : physique, chimie, mathématiques, géométrie descriptive et dessin linéaire, modelage et dessin d'ornement, stéréotomie, littérature française, histoire, géographie ; et nous avons l'espoir de voir ce nombre s'augmenter bientôt d'une chaire d'hygiène, d'une chaire de géologie et d'une chaire de littérature étrangère. L'administration donnera par là satisfaction aux vœux les plus ardents d'une partie de la population.

L'utilité de ces chaires n'a pas besoin d'une longue démonstration.

Le cours d'hygiène qui a été professé, pendant un an, avec un si rare talent, par M. le docteur Jules Carret, comptait plus de 100 auditeurs ; on avouera que dans une ville comme Chambéry, ce nombre justifie pleinement la création de la chaire.

Le cours de géologie a déjà existé, mais il a été supprimé de fait à la mort du professeur qui en était chargé : le savant et modeste abbé Vallet qui avait consacré sa vie à l'étude des sciences naturelles et qui a attaché son nom à d'importantes découvertes géologiques. On a cherché pendant quelque temps un homme digne d'occuper la chaire, et ne trouvant personne (à cause probablement du modeste traitement qui y était affecté), on a remplacé ce cours par un cours de géographie dont on a chargé le professeur d'histoire. Vous savez, Messieurs, quel a été le succès de ce cours de géographie, professé d'abord par M. Pâquier dont les connaissances étaient si étendues, puis par notre ami et collègue M. Suérus qui a su nous montrer tout l'intérêt qu'offrait cette science que nous avions trop négligée parce que nous l'avions toujours regardée comme une science des plus ingrates. M. Suérus, au lieu de se borner à une sèche nomenclature de lieux et de noms, a fait concourir à la connaissance des différents pays l'histoire politique, l'ethnographie, les sciences naturelles, l'économie politique, enfin les éléments les plus variés, de sorte que chaque contrée avait ainsi sa physionomie originale, son âme, sa vie. Aujourd'hui, l'administration supérieure nous enlève ce jeune professeur pour le mettre sur un plus grand théâtre, et M. Guillot, agrégé d'histoire, qui est chargé de le remplacer, saura certainement maintenir la chaire de géographie à la hauteur où elle se trouve. Il ne faut donc pas songer, ainsi qu'on l'a proposé, à supprimer la chaire de géographie pour rétablir celle de géologie. D'ailleurs, ce n'est pas au moment où l'on crée des chaires de géographie partout qu'il faut supprimer ici celle qui existe déjà. Que l'administration fasse un petit effort et qu'elle nous donne la chaire de géologie sans rien supprimer. Nulle part cette chaire ne saurait être mieux placée que dans ce pays si montagneux où les excursions géologiques sont si nombreuses. Les membres du Club alpin trouveraient dans le professeur de géologie un homme éclairé pour les guider.

La chaire de littérature étrangère a aussi son importance à cause de la situation même de Chambéry. Une partie de la population trouverait certainement un grand intérêt dans l'étude des littérateurs et des poètes étrangers et principalement dans l'étude de ceux qui ont écrit à quelques pas de nous : le Dante, le Tasse, l'Arioste, etc.

Dans beaucoup de Facultés de province les professeurs ont à se plaindre de l'indifférence du public pour les choses littéraires et scientifiques; il n'en est pas de même pour nous. Tous les soirs nous voyons les salles de l'Ecole se remplir d'auditeurs; et, ce qui est plus rare, ces auditeurs ne nous quittent pas du commencement de l'année jusqu'à la fin. Cela prouve, Messieurs, que les professeurs sont compris, que les cours offrent un intérêt réel et que la ville de Chambéry compte bon nombre d'esprits cultivés qui préfèrent les plaisirs de l'intelligence à tous les autres plaisirs.

Certains cours comptent, il est vrai, plus d'auditeurs que les autres ; cela n'a rien d'étonnant, les cours n'offrent pas tous au public le même attrait. Le cours de littérature française, entre autres, a eu cette année une moyenne de 70 auditeurs; c'est un véritable succès qui est dû non-seulement à l'intérêt du sujet choisi, le théâtre au XVIII° siècle, mais aussi et surtout à la verve, à la parole facile et élégante quoique toujours simple et mesurée du jeune professeur. Notre ami et collègue, M. Edet, possède un talent tout particulier pour apprécier et critiquer les œuvres littéraires ; aussi il n'a pas eu beaucoup de peine à conquérir l'estime et à mériter les sympathies de son nombreux auditoire. Malheureusement, le Ministre de l'Instruction publique n'a pas voulu nous laisser plus longtemps ce jeune maître ; il vient de nous l'enlever pour lui confier un poste plus important. M. Souriau, son successeur, est, comme M. Guillot, un de ces brillants élèves que l'Ecole normale forme en trop petit nombre et auxquels l'administration supérieure ne laisse faire chez nous qu'une trop courte apparition.

La physique et la chimie comptent plus de 70 auditeurs en hiver et une quarantaine en été. Ces sciences ont toujours le privilége de captiver l'attention du public par l'intérêt des expériences et par les applications qu'elles trouvent continuellement dans les diverses circonstances de la vie pratique.

Le cours d'histoire, de même que celui de géographie, attire également un grand nombre d'auditeurs ; la moyenne dépasse 50. On aime, en effet, à se rappeler avec quelques détails les grands faits de la vie des peuples ; on peut puiser dans ces souvenirs de précieux enseignements pour le présent et pour l'avenir.

Les cours pratiques de stéréotomie, de modelage et dessin d'ornement ont chacun une moyenne de 25 élèves, dont l'assiduité est exigée par les professeurs ; les locaux affectés à ces cours ne permettent pas d'en recevoir un plus grand nombre. Il serait à désirer que ces locaux fussent agrandis, ce qui pourrait se faire sans aucune difficulté, surtout pour le cours de stéréotomie.

Le cours de géométrie descriptive et dessin linéaire est suivi par une vingtaine de jeunes gens se destinant aux diverses carrières administratives ou à l'art des constructions. Ces jeunes gens peuvent ainsi, sans aucuns frais, acquérir à l'Ecole supérieure les connaissances théoriques et pratiques qui leur sont nécessaires.

Le cours de mathématiques est un peu moins fréquenté que les autres. C'est le sort des sciences exactes ; elles sont trop arides et difficiles à comprendre sans une sérieuse préparation.

Tel est le tableau de nos cours. Vous voyez, Messieurs, que nous sommes en état de répondre à bien des besoins. Les employés des diverses administrations, télégraphes, finances, ponts-et-chaussées, chemins de fer ; les jeunes gens qui se destinent soit à l'industrie, soit au commerce, soit à la carrière des arts ; les gens du monde, les militaires qui veulent apprendre ou se souvenir peuvent trouver à l'Ecole supérieure des leçons qui leur seront certainement profitables. Quelle que soit la position que l'on occupe, il est bon d'avoir des connaissances solides et variées ; notre siècle a été appelé avec raison le siècle des lumières, il faut que nous soyons de notre temps. Dans un pays de liberté comme le nôtre, les fonctions publiques se donnent au plus digne ; ceux qui y aspirent doivent faire tous leurs efforts pour arriver au premier rang.

Et maintenant que je vous ai fait connaître notre situation au point de vue intellectuel, il me reste à vous dire quelques mots de notre situation au point de vue matériel. — La physique et la chimie reçoivent chaque année des appareils nouveaux pour une somme de 1,200 fr. environ. Aujourd'hui, le cabinet de physique possède à peu près tout ce qui est nécessaire pour le cours; mais le local qui lui est affecté est trop restreint. Il faudrait un espace double ou même triple de celui dont nous pouvons disposer; nous ne serions plus alors obligés d'entasser quelques-uns de nos appareils au milieu de la salle et nous pourrions mieux les garantir contre la poussière et contre l'humidité. — La chimie est encore moins bien partagée que la physique sous le rapport de l'installation. Les produits ne manquent pas, mais on ne sait où les loger. Le laboratoire est humide et malsain; en outre, il manque de cheminée d'appel; il serait à désirer qu'il fût réparé le plus tôt possible, afin que le professeur puisse y travailler à loisir.

Le cours de modelage et dessin d'ornement possède un matériel suffisant; une magnifique collection de modèles en plâtre due à un don gracieux du ministère de l'instruction publique et des beaux-arts, ainsi qu'un grand nombre de fort beaux dessins.

Les cours de mathématiques, de géométrie descriptive et dessin linéaire manquent, il est vrai, de bien des choses; mais M. le Recteur, avec le dévouement qu'il apporte à tout ce qui regarde l'enseignement, a obtenu du Ministre la promesse qu'il nous sera beaucoup donné cette année pour les mathématiques et pour la littérature. Que M. le Recteur reçoive ici l'expression de notre gratitude.

La bibliothèque de l'Ecole reçoit, chaque année, pour plus de 300 fr. de livres, sans compter les ouvrages que l'administration supérieure nous envoie gratuitement. Elle commence à être assez bien fournie; mais le local qui lui est affecté est aussi insuffisant.

Je ne parlerai pas du bâtiment dans lequel nous sommes installés ; rien ne ressemble moins à une Ecole. On a réellement de la peine à se figurer que ces murs si délabrés renferment tant de belles choses. N'est-ce pas, Messieurs, le cas de nous appliquer ce vieux proverbe : « L'habit ne fait pas le moine ! »

DISCOURS D'OUVERTURE DE M. SOURIAU.

Monsieur le Recteur,

Messieurs,

Dans ce moment-ci on s'occupe beaucoup d'enseignement en France, peut-être pourtant y a-t-on mis trop de zèle, et serait-il bon, notamment pour l'enseignement supérieur, d'arrêter un peu l'ardeur de certains ouvriers de la dernière heure. Ceux de la première suffisent peut-être. Les Facultés de l'Etat ont du bon, et notre Ecole ne demande pas mieux que de suivre ses grandes sœurs les Facultés; les bonnes résolutions du moins ne lui manquent pas.

Pour moi, Messieurs, je ne désire qu'une chose, continuer, autant qu'il sera en moi, les traditions de mon prédécesseur et ami M. Edet, dont vous suiviez, l'an passé, les fines et piquantes leçons. Il vous parlait du théâtre du XVIII° siècle, c'est encore du théâtre que je compte vous entretenir cette année.

On ne se lasse point du théâtre, et la raison en est bien

simple : l'homme s'intéresse à l'homme, et c'est l'homme que le théâtre étudie ; sans doute le théâtre n'est pas la vie réelle, mais c'est précisément là ce qui en fait l'attrait.

Dès son origine, le théâtre s'est divisé : que trouvons-nous en Grèce, aussi loin que l'histoire nous permet de remonter ? Un théâtre où l'on joue la tragédie et la comédie, la farce elle même n'y est pas inconnue, et cette division est bien naturelle, car décomposez la vie réelle. Quels éléments trouvez-vous ? le rire à côté des pleurs, les situations gaies à côté du drame; le théâtre est un miroir où nous allons nous regarder. Mais ce miroir déforme un peu nos traits : le sourire y devient un rire épanoui, le rire n'est plus qu'une joyeuse grimace, la douleur elle-même prend au théâtre quelque chose d'étrange et de surnaturel. Tout enfin, décors, costumes, acteurs, situations, sentiments et sensations, change de proportions pour obéir aux lois de ce que l'on appelle l'optique théâtrale.

Sur la scène grecque, qui s'étend immense à ciel ouvert, 30,000 spectateurs voient s'avancer un être étrange, épouvantable à voir, disent-ils eux-mêmes. D'énormes brodequins grandissent le corps, terminé par un masque énorme, et, pour que le buste ne paraisse pas trop grêle, l'acteur est soigneusement rembourré. Sur cet échafaudage bizarre, recouvert de vêtements éclatants, s'élève une tête plus bizarre encore dont l'expression ne change jamais : les yeux sont fixes, les traits énormes, et la bouche du masque s'évase en une sorte de porte-voix qui portera jusqu'aux derniers gradins les hurlements du monstre.

Le théâtre reproduit la vie réelle comme cet acteur reproduit l'homme.

Tout est mensonge au théâtre, ou plutôt tout y est arrangé à plaisir, et c'est cela même qui nous attire et nous charme. Nous nous voyons au théâtre non pas tels que nous sommes, mais tels que nous voudrions être. Le théâtre est un rêve des *Mille et une Nuits*, qui satisfait en nous des souhaits difficiles à réaliser dans la vie, ou, pour vous donner une autre comparaison, le théâtre ressemble un peu à cette ville endormie de Hollande qu'un romancier scientifique et spirituel suppose envahie par des torrents d'oxygène.

Tout se développe à la fois chez ces braves Hollandais qui ne se reconnaissent plus eux-mêmes; les hommes marchent plus vite, les pendules aussi. Tout le monde a de l'esprit et sait s'en servir. Les instincts généreux vont jusqu'à l'héroïsme. Les mauvais vont jusqu'au délire du crime. Pendant un mois les pauvres bourgeois sont emportés dans un tourbillon fantastique jusqu'à ce qu'enfin, le charme cessant, ils retombent dégrisés dans le calme de leur vie passée : voilà le théâtre.

L'histoire du théâtre est bien curieuse : on y voit comment la reproduction de l'homme et de la vie réelle a varié suivant les pays et les temps; cette histoire n'a qu'un inconvénient, elle est trop longue ; nous serons forcés de choisir, et, puisque l'an passé vous avez entendu parler du théâtre au XVIII° siècle, je voudrais vous parler cette année de deux théâtres entre lesquels le XVIII° siècle est un trait d'union, le théâtre classique et le théâtre contemporain.

Qu'avions-nous au XVII° siècle ? Qu'avons-nous maintenant de nos jours.

Au siècle de Louis XIV, la tragédie naît en France, cette

tragédie découverte par les Grecs, perdue par les Romains. Pendant cette longue et sombre nuit du moyen-âge tout s'éteint : le théâtre, attaqué par les Pères de l'Eglise, disparaît et fait place aux mystères. Les mystères sont des fêtes de l'Eglise, et nos pauvres aïeux, qui ne se seraient jamais doutés que leur époque devait s'appeler un jour « le bon vieux temps, » vont oublier pendant quelques heures leurs misères, en contemplant Dieu le Père, vêtu de la plus belle chape de M. le curé et porteur d'une grande barbe blanche.

La disposition matérielle du théâtre est bien faite pour les spectateurs enfants qui viennent contempler pendant des semaines entières le drame de la Passion. La scène a trois étages. En haut, le Paradis, où la Vierge, Jésus-Christ et Dieu le Père s'occupent de l'humanité. Tout au bas, l'Enfer, où s'agitent des diables, en costume classique, cornes, fourche et queue. Entre les deux étages enfin, notre pauvre terre où se joue le drame : l'homme y est en proie à la lutte des bons et des mauvais instincts, personnifiés les premiers par la Vierge qui descend parfois sur la terre au bruit des chants, les seconds par les démons qui peuvent s'introduire sur la terre par une énorme tête de diable dont la gueule leur ouvre une issue.

Puis le théâtre change : l'esprit du siècle s'introduit dans ces mystères, succursale de la sacristie. L'Eglise lutte contre ce qu'elle a établi ou favorisé. On excommunie pêle-mêle l'enfer, la terre et le ciel : peine perdue, le théâtre est redevenu laïque. On essaie alors un peu de tout : soties, moralités, farces; la Renaissance ramène un instant le théâtre ancien ; mais on ne le comprend plus, il ennuie. L'Italie nous prête ses comédiens, ses auteurs : triste présent; le théâtre français joue la farce, l'acteur endosse la souquenille d'Arlequin, les bosses de Pulcinella. Nous sommes déjà au XVIIᵉ siècle, et nous n'avons encore rien qui mérite l'attention : les acteurs sont pauvres, les auteurs plus misérables encore : on paie à un auteur du temps ses tragédies à tant la centaine de vers, 4 francs pour les longs vers, dit le traité, et 2 francs pour les petits. Puis tout-à-coup Corneille paraît, et, dans l'espace de quatre ans, on voit sur la scène quatre chefs-d'œuvre qui donnent pour longtemps au théâtre sa direction: Le Cid, Horace, Cinna et Polyeucte; Corneille avait fondé la tragédie française. Racine ne ressemble pas à Corneille ; Voltaire a son originalité à part. Chacun de ces trois grands hommes a conçu son système dramatique d'une façon particulière, et pourtant tous les trois ont fait ce qu'on a appelé depuis des «tragédies classiques.»

Quel est donc ce lien qui réunit ces trois théâtres ? Il n'y a pas d'air de famille entre les héros de Corneille, de Racine et de Voltaire : l'exécution en effet diffère, mais les principes sont les mêmes.

Pour comprendre la tragédie, il faut étudier la société du temps.

La Bruyère étudiera la ville et la cour. Ces deux divisions sont justes dans leur ensemble, mais il faut les subdiviser.

Prenons la cour : qu'y voyons-nous? D'abord le Roi ; autour de lui, la famille royale, princes et princesses du sang: ceux-là seuls vivent pour eux-mêmes ; le reste de de la cour vit pour eux. Ils sont les premiers rôles de la grande pièce royale que Louis XIV dirigea cinquante ans.

Autour d'eux, nous trouvons les utilités, les confidents et confidentes, sans compter les complaisants. Puis la ville : en premier lieu, les gentilshommes de petite noblesse, les magistrats, les bourgeois, assez riches pour oublier et faire oublier leurs parents; le petit bourgeois encore prétentieux ; et enfin, au loin, bien loin, les manants, nos pères, qui existent parce qu'on ne peut pas se passer d'eux Ceux-ci, le théâtre ne s'en occupe guère : savent-ils parler seulement? Molière en introduit quelques-uns dans ses farces, il en est blâmé: la comédie ne descend pas plus bas que le bourgeois, et encore en fait-elle son *patito*. La grande comédie de caractère ne connaît que le gentilhomme, et la tragédie enfin n'admet que les fils des dieux.

Ecoutons ces fils des dieux, voyons-les agir.

Dans un espace de dix pieds carrés se tiennent debout quelques personnages plus richement habillés que le Roi en son Versailles. Ils s'appellent Rodrigue, Camille, Pauline, Burrhus, Mérope. Ils ne bougent pas, mais ils parlent beaucoup. Ils se trouvent dans des dispositions critiques, ils le disent aux spectateurs, ou plutôt ils s'entretiennent avec eux-mêmes, ils s'étudient, ils se démontrent au spectateur : qu'ont-ils besoin de confidents pour leur donner la réplique? Ne sont-ils pas toujours en tête-à-tête avec eux-mêmes, avec leur esprit, avec leur passion ? Ce ne sont pas des personnages, ce sont des caractères. Nous assistons au développement de ces caractères, et les coups de théâtre que le génie du poète saura trouver ne sont que des moyens pour l'auteur de développer ces caractères, auxquels il a donné des noms de rois anciens et qu'il a placés à peu près dans des situations historiquement vraies.

Le théâtre était soumis non pas à la règle des trois unités, mais à la règle de la dignité tragique.

La tragédie classique est essentiellement psychologique. Corneille, Racine et Voltaire ont fait tous trois de la psychologie en action, et voilà pourquoi leurs théâtres, pourtant originaux, ont une certaine ressemblance et font partie du même genre.

Voltaire, venant longtemps après ses deux illustres devanciers, fut classique : ce grand novateur n'innova rien, chose étonnante, dans la tragédie ; notons pourtant une différence : ses personnages ajoutent à leur psychologie un cours de morale pratique à l'usage du parterre; ils prêchent l'humanité, et attaquent la royauté.

C'était quelque chose pour le XVIII° siècle, ce n'était pas assez. La tragédie classique était morte en France, morte d'anémie ; les rois de théâtre se mouraient, alors que les rois de Versailles ne se portaient guère mieux. Cette haute société qui s'appelait la Cour nous avait laissé la tragédie; elle ne pouvait plus nous rien donner; alors Diderot eut cette idée féconde, qui anime tout notre théâtre contemporain : il songea à remplacer la tragédie par le drame, et par le drame bourgeois, trouvant, non sans raison, que notre vie réelle, notre vie bourgeoise, présentait assez de côtés dramatiques pour faire vivre à son tour le théâtre.

Le dernier représentant de la comédie rieuse et frondeuse du XVIII° siècle venait lui aussi de faire son drame, *la Mère coupable,* et le théâtre français allait peut-être gagner quarante ans quand la Révolution arriva malheureusement, malheureusement pour le théâtre. La vie devenait trop dramatique, trop tragique, pour que l'on eût besoin de la tragédie au théâtre. La poésie dramatique fit place alors à la poésie lyrique et l'âme de tout un peuple en armes passa dans un des plus beaux chants de notre poésie populaire.

Puis vint l'Empire : qu'a-t-il produit en littérature dramatique? le théâtre le plus froid, le plus vide que nous ayons eu. La tragédie de l'Empire est une fleur de cour : Napoléon n'avait qu'une ombre de cour, il ne nous a légué qu'une ombre de tragédie.

Encore une fois, il fallait du nouveau, notre théâtre se mourant d'épuisement ; c'est alors que le romantisme vint exposer ses théories nouvelles et que le grand chef de cette révolution littéraire publia, sous forme de préface, un manifeste qui exposait les lois du théâtre contemporain.

Après un moment de lutte désespérée entre les partisans de l'ancien régime littéraire et ceux du nouveau, il se fit un accord : les romantiques avaient obtenu la victoire ; conduite par des chefs ardents, dont quelques-uns avaient du talent, dont tel autre avait du génie, la jeunesse de 1830 prit d'assaut « l'alexandrin français » pour lui substituer la phrase poétique : et ce simple changement de forme allait permettre de modifier le drame dans son essence, de revenir à la liberté complète des poètes grecs qui pouvaient tout dire, de Shakespeare qui pouvait tout oser.

La tragédie française s'était fait son vers et le vers avait réagi sur la tragédie. Quoi de plus différent que la poésie de Racine et de Corneille? et pourtant quelle ressemblance, consistant uniquement dans la dignité. Toutes les pensées jetées dans ce moule prenaient une même forme, ou, si j'ose ainsi parler, une même attitude noble, digne, un peu raide. La pensée est enfermée dans ce vers comme un homme dans une armure: les lignes sont bien arrêtées, mais les mouvements sont un peu lents : la gravité est de rigueur. Puis, comme il arrive toujours en pareil cas, les faiseurs de poétiques constatent l'état des choses et en tirent des règles: cela est, donc cela doit être, et le théâtre français, pour les caractères et les expressions, se trouve du coup emprisonné dans la dignité tragique; Racine aura fait un coup d'audace habile en introduisant le mot « chien » dans ses vers.

Comment conserver cet alexandrin lorsqu'on venait dire, au nom du parti novateur: la dignité tragique est la plaie du théâtre ; le théâtre doit représenter la vie avec tous ses contrastes ; on doit pleurer et rire au théâtre, et sur la même chose: à bas la dignité ! vive le grotesque ! c'est-à-dire qu'à côté du drame, il doit y avoir la comédie: l'homme est un être multiple ; il y a en lui du bon et du mauvais, du comique et du sérieux: voyez Cromwell; Cromwell ne suffit pas: voyez Triboulet.

La théorie peut paraître bizarre, résumée brutalement; elle était vraie puisqu'elle produisit des chefs-d'œuvre; peut-être le mot paraîtra-t-il un peu fort: chefs-d'œuvre pourtant, Messieurs, que ces drames auxquels je fais allusion, reconnaissons-le sans fausse modestie; une voie nouvelle était ouverte. Maintenant la seule règle au théâtre est de plaire ou d'intéresser, et, comme le disait Voltaire : « Tous les genres sont bons, sauf le genre ennuyeux. »

Je compte cette année, Messieurs, après avoir étudié avec vous cette tragédie classique qu'on a trop dénigrée en France à la suite d'un Allemand qui avait de l'esprit; après avoir essayé de vous montrer comment cette tragédie était bien l'image de la société d'alors, et devait par conséquent disparaître avec elle, je voudrais étudier notre théâtre contemporain, dont nous avons le droit d'être fier ; voir ce qu'il a gagné sur l'ancien théâtre, voir aussi ce qu'il a perdu.

Notre tâche sera délicate. Nous aurons à parler d'auteurs vivant et produisant encore. Vous connaissez l'aphorisme : « On ne doit la vérité qu'aux morts. » La sagesse des nations, en faisant ce proverbe, a transformé une règle de politesse et de prudence en règle de conduite, en devoir ; nous causerons donc tout bas de nos contemporains : en étudiant leur physionomie nous ne les dévisagerons pas, car on ne regarde pas un homme comme une statue, on prend des précautions pour l'étudier à son aise. C'est ce que nous ferons, Messieurs, et nous aurons ainsi, d'ici à Pâques, passé en revue les deux plus grandes époques du théâtre français ; nous pourrons même, arrivés à la fin de notre tâche, jeter un coup d'œil sur le théâtre de l'avenir puisque certains écrivains, regrettant d'être nés sitôt, travaillent pour nos arrière-petits-neveux, sans même pouvoir trop compter sur leur reconnaissance.

DISCOURS PRONONCÉ PAR M. GUILLOT

Professeur d'histoire et de géographie.

Monsieur le Recteur,

Messieurs,

On s'accorde généralement aujourd'hui à ne plus donner à l'histoire ce caractère de moralisation qu'on lui attribuait dans les siècles qui ont précédé le nôtre et qui la dénaturait en la réduisant presque toujours à des anecdotes ou à des légendes. Elle ne se propose pas en effet, comme le croyait il y a un siècle Rollin, « *d'inspirer l'horreur du vice en met-* « *tant sous les yeux de tous un Caligula ou un Domitien, de* « *venus après leur mort l'horreur et l'exécration du genre* « *humain; d'inspirer l'amour de la vertu par les exemples* « *de Trajan, d'Antonin, de Marc-Aurèle, qui en sont regar-* « *dés comme les délices.* » L'histoire n'est pas une leçon de morale; le but qu'elle se propose est plus élevé. Et pourtant, Messieurs, l'on peut dire avec justesse que si l'on étudie le passé, c'est très-souvent moins pour connaître ce passé lui-même que pour saisir par des recherches comparatives les liens qui unissent les événements accomplis à ceux qui se produisent de nos jours et se produiront après nous. Il existe donc une connexion intime entre les événements qui se rapportent aux différentes époques de l'histoire. Toutes les grandes et difficiles questions qui s'agitent aujourd'hui remontent par leurs origines bien au-delà de notre siècle, mais elles ne se développent que plus tard. Aussi tous ces problèmes historiques dont l'origine est lointaine et le développement moderne joignent à l'attrait que présente l'étude des siècles précédents l'intérêt de l'actualité.

Il en est certainement parmi vous, Messieurs, qui se rappellent avec plaisir les études si savantes et si opportunes sur l'Allemagne, auxquelles mon prédécesseur et ami M. Suérus avait à juste titre cru devoir vous initier. L'Allemagne, en effet, est une de ces puissances dont les origines sont antiques, mais dont le développement ne s'est manifesté que de nos jours. La Prusse moderne, qui s'est formée de pièces et de morceaux, ne date vraiment que du commencement de ce siècle. Jusqu'aux traités de 1815, ses souverains ont jeté les fondements de sa puissance future; mais c'est seulement dans notre siècle qu'elle parvient à dominer en Allemagne. Elle se relève des défaites que lui a infligées Napoléon ; elle dépouille le Danemarck des duchés ; elle écrase l'Autriche à Sadowa et, après avoir acquis une unité au moins apparente, elle ressuscite l'ancien empire germanique. Voilà pourquoi, Messieurs, en vous parlant de l'Allemagne au XIXe siècle et en appuyant ses recherches par la géographie des pays dont il vous retraçait l'histoire, mon prédécesseur avait su joindre l'intérêt de l'actualité à l'attrait que présente toujours l'étude critique du passé. Or, Messieurs, c'est à ce double titre que la question d'Orient m'a paru digne d'occuper mes recherches et d'intéresser vos loisirs.

La question d'Orient est à la fois ancienne et moderne. Elle est ancienne parce qu'elle se pose en réalité le jour où l'Angleterre fonde son empire colonial, le jour où la Russie, dépassant ses frontières naturelles, s'étend dans toutes les directions, principalement en Asie, où elle marche à la rencontre du grand empire anglo-indien. Elle est en même temps essentiellement moderne, car la lutte entre ces deux puissances, lutte indirecte à propos de la Turquie, lutte directe au sujet de l'Inde, n'a commencé que dans notre siècle. Elle a déjà présenté bien des phases ; elle a causé bien des guerres depuis la rivalité du sultan et du vice-roi d'Egypte jusqu'aux luttes récentes entre les musulmans et les Slaves. Mais, dans tous ces événements, ce qui apparaît lorsqu'ils sont accomplis, ce qui se manifeste avant leur accomplissement même, c'est toujours et partout la lutte tantôt sourde et tantôt évidente entre la Russie et l'empire britannique. En ce moment même, la question se pose de nouveau et peut-être devra-t-on laisser aux armes le soin de la décider ou de l'ajourner. Dans dix ans, dans vingt ans peut-être, la question d'Orient sera encore là, attendant une solution devant laquelle on recule et que chaque puissance européenne croit pouvoir éviter en la retardant. Elle présente donc, Messieurs, un intérêt nouveau et continu, car elle est à la fois la question du passé, du présent et de l'avenir.

Chaque siècle, Messieurs, au milieu de la diversité des événements qu'il renferme, a toujours un petit nombre de faits saillants qui le caractérisent et dont tous les autres ne sont pour ainsi dire que l'indéfinie répétition. Ces grands événements, qui dominent ainsi chaque époque, en résument aussi toute l'histoire. Au XVIe siècle, c'est l'hostilité deux fois séculaire de la France et de l'Autriche ; dans l'ordre intellectuel, c'est la Renaissance et la Réforme. Dans l'époque suivante, nous trouvons les coalitions européennes provoquées par l'orgueil et la convoitise de Louis XIV, tandis que la pratique de l'absolutisme, qui se fait en France sans résistance, produit en Angleterre deux révolutions. Au XVIIIe siècle, à côté des idées de réforme préconisées par les philosophes et les économistes, on voit partout la lutte maritime, car il s'agit pour l'Angleterre de s'emparer de l'Inde et de fonder son empire colonial aux dépens de la France. Ce caractère, Messieurs, se retrouve également au XIXe siècle. Il y a d'abord une lutte dans toute l'Europe entre les souverains et les peuples, ceux-ci s'obstinant à réclamer des réformes que ceux-là s'obstinent à refuser; puis nous assistons au développement de deux grandes puissances nouvelles, la Prusse, la Russie, et ce sont les progrès de la Russie en face des progrès de l'Angleterre qui constituent la question d'Orient. C'est elle qui résume presque tous les grands événements de notre époque. Elle se présente sans cesse parce qu'elle n'est jamais résolue. Dans la rivalité de Mahmoud et de Mehemet-Ali, puis au moment de la guerre de Crimée, dans les luttes récentes qui viennent à peine de finir, enfin dans la guerre asiatique qui se prépare, nous trouvons toujours le même fait sous des formes diverses : c'est la lutte entre la Russie et l'Angleterre; c'est partout et toujours la question d'Orient.

Ce qui donne d'ailleurs à la question d'Orient ce caractère d'universalité, c'est qu'il n'est pas en Europe une puissance qui ne soit intéressée à sa solution ; c'est que ce n'est point un de ces problèmes qui puisse être résolu par un accord particulier entre deux peuples. Il y a trop d'intérêts en jeu, trop de rivalités en présence pour que le règlement des difficultés orientales ne soit pas toujours dans l'avenir, comme il l'a toujours été dans le passé, l'œuvre d'un congrès général. Malgré la diversité des intérêts, chaque puissance européenne s'efforce d'y faire prévaloir le sien, et il n'est pas jusqu'aux nations secondaires qui ne prétendent élever la voix dans la discussion de la question orientale pour revendiquer le droit de participer à son dénouement.

Deux peuples ont pris de nos jours un rôle prépondérant dans les questions européennes ou asiatiques dont l'ensemble constitue la question d'Orient, deux peuples qui, par des voies diverses mais avec une rare ténacité politique, ont élevé des empires taillés à la proportion du continent qu'ils habitent et dépassant déjà, l'un par la population, l'autre par l'étendue, ce qu'a édifié de plus gigantesque la patience romaine ou le génie d'Alexandre.

Lorsqu'au XVIIe siècle, quelques poignées de négociants fondèrent dans l'Inde les premiers comptoirs britanniques, ils étaient loin assurément de se considérer comme des fondateurs d'empire. La fortune, la nécessité surtout de se fortifier contre des puissances rivales changèrent le commerce en conquête. Quand la victoire eut prononcé entre eux et nous, il fallut en poursuivre et en affermir les conséquences, effacer dans le cœur des populations le souvenir d'odieux rivaux, élever enfin la puissance anglaise si haut que tout retour du sort devînt impossible.

Ainsi de Caboul au cap Comorin et de la mer aux montagnes se forma l'empire que la nature avait tracé, dominant deux vastes golfes, l'un dont l'Angleterre fait le tour, l'autre dont elle tient les principaux points commerciaux ou stratégiques, dans une position centrale enfin à laquelle se relie la chaîne immense des positions qu'elle occupe sur les routes de l'Australie ou de la Chine.

La marche de la Russie fut tout autre : une nécessité physique la contraignait à s'établir avec force sur la trouée dangereuse entre Oural et Caspienne, d'où lui étaient venues tant d'invasions. Maîtresse de la grande plaine asiatique du nord, elle ne tarda pas à s'avancer vers le Turkestan. Mais, au-delà des steppes de Kirghiz et des Turcomans, la nature avait placé une tentation : c'était la route de l'Asie intérieure, le pays d'où viennent les paillettes d'or, que roulent les fleuves de l'Aral, l'ancien chemin des caravanes vers la Chine et vers l'Inde. Pendant trente ans, elle a lutté, tâtonné pour arriver sur les bords du Syr-Deria. Mais alors, au-delà des déserts qui cernent encore une partie de son cours, elle a vu s'ouvrir les pentes riches et cultivées d'où descendent les eaux. Là était le but. Elle a marché désormais à pas de géant ; elle a réduit l'un après l'autre chacun des Etats indigènes. Les traités ont été autant de conquêtes (1) et chaque jour encore nous apprend un nouveau progrès.

---

(1) *Revue politique et littéraire* ; leçon de M. Vidal-Lablache.

En même temps, vers l'Europe, la Russie songe à atteindre ce but qu'elle poursuit depuis plus d'un siècle avec une persévérance digne d'éloges. Pierre-le-Grand lui avait donné des ports sur la Baltique, Catherine II sur la mer Noire. Elle cherche aujourd'hui à étendre ses frontières jusqu'à l'Archipel et à exercer dans la Méditerranée la suprématie maritime qui lui a été refusée par les traités de notre siècle.

L'Angleterre, son ennemie naturelle vers l'Asie, veut aussi en Europe s'opposer à ses progrès dans une mer où elle domine elle-même. La France, qui l'a souvent appuyée de ses flottes et de ses armées, paraît n'avoir dans cette rivalité de deux grandes puissances d'autre intérêt qu'un intérêt d'équilibre pour empêcher les peuples slaves de déborder sur le monde germanique. La politique de l'Allemagne semble avoir été jusqu'ici une neutralité bienveillante à l'égard de l'Orient pour pouvoir accomplir en Occident les modifications territoriales qu'elle médite et annexer peu à peu les provinces qui ont jadis fait un instant partie de l'ancien empire des Ottons. Quant à l'Autriche, partagée entre les populations allemandes dont les aspirations sont trop évidentes, entre les Slaves qui appellent la Russie et les Hongrois qui l'exècrent, elle doit s'efforcer sans cesse de maintenir la neutralité du Danube, son principal débouché.

Ainsi, Messieurs, la question d'Orient, dont les origines remontent bien au-delà de notre siècle, a cependant un caractère d'actualité augmentant encore l'intérêt qui s'attache à elle. En même temps elle est générale et pour ainsi dire universelle puisqu'elle se pose en Asie aussi bien qu'en Europe et puisque toutes les puissances, malgré les diversités de leurs aspirations et les haines politiques qui les divisent, sont toutes au plus haut point intéressées à sa solution.

Ai-je besoin maintenant, Messieurs, d'insister sur les raisons toutes naturelles qui m'ont fait choisir l'Inde pour sujet de mes études géographiques ?

L'Inde a beaucoup fait parler d'elle depuis trente ans. Il en est qui ne connaissent guère que sa conquête par les Anglais, son insurrection en 1857, ses richesses immenses dont l'Exposition universelle vient de nous fournir de nouvelles preuves. L'Inde a eu de plus, à une époque fort reculée dans l'histoire, une brillante civilisation. Située près de la contrée autrefois si fertile que les études modernes nous représentent comme le berceau primitif des nations, l'Inde a eu son histoire comme tant de peuples dont nous admirons aujourd'hui le passé, histoire bien mal connue, il est vrai, parce que les documents nous font défaut, mais qui n'a été ni moins longue ni moins remplie que celle des nations occidentales.

Ce n'est point toutefois à ce titre, Messieurs, que j'ai cru devoir attirer votre attention sur cette contrée dont l'importance stratégique ou commerciale grandit tous les jours. L'Inde, qui fait aujourd'hui la force de l'Angleterre, peut être appelée prochainement à jouer un rôle considérable dans la question d'Orient. Tandis que depuis cinquante ans les Russes avancent pas à pas vers l'Est, l'Angleterre s'affermit dans l'Inde et cherche aujourd'hui à protéger ses frontières. Elle sait que dans un temps plus ou moins éloigné, que demain peut-être l'Inde sera menacée. Voilà pourquoi elle s'efforce de la rendre inattaquable non-seulement en mettant sous sa dépendance les rajahs ou les soubabs de la presqu'île du Gange, mais encore en installant sur ses frontières des souverains dévoués à sa politique, et en les attaquant comme elle va peut-être le faire lorsqu'ils osent repousser ses propositions d'alliance. C'est pour conserver l'Inde qu'elle protége la Turquie ; c'est pour l'Inde enfin qu'elle n'hésite pas à parler seule lorsque l'appui des autres nations lui fait défaut.

Il existe donc, Messieurs, un lien des plus étroits entre les questions historiques que je désire traiter et les études géographiques que je me propose de faire. Ces deux sciences doivent, en effet, se prêter un mutuel appui, et c'est en les alliant toujours l'une à l'autre, en leur appliquant la méthode moderne dont la découverte est encore si récente, que l'on peut dans les études les plus variées et les plus difficiles joindre la science et les lumières du critique à l'impartialité de l'historien.

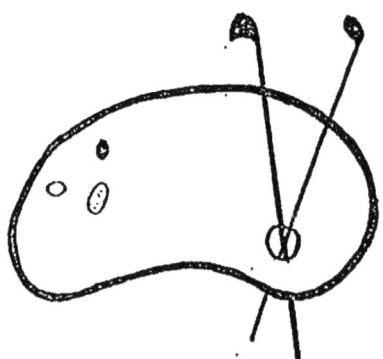

ORIGINAL EN COULEUR
NF Z 43-120-8

www.ingramcontent.com/pod-product-compliance
Lightning Source LLC
LaVergne TN
LVHW021001090426
835512LV00009B/2015